Fräulein Seidenstückers geheime Garde

Kleine Geschichten rund um Köln

Fräulein Seidenstückers geheime Garde

Kleine Geschichten rund um Köln

Gerda Laufenberg

Anmerkung
Die Rechtschreibung des Kölschen im vorliegenden Buch folgt nicht dem von der **Akademie för uns kölsche Sproch** herausgegebenen Werk "**Kölsche Schreibregeln - Vorschläge für eine Rechtschreibung des Kölschen**".

Impressum

Bibliografische Information Der Deutschen Bibliothek
Die Deutsche Bibliothek verzeichnet diese Publikation in der **Deutschen Nationalbibliografie**; detaillierte bibliografische Angaben sind im Internet über **http://dnb.ddb.de** abrufbar.

1. Auflage 2005
© J.P. Bachem Verlag, Köln 2005
Einbandgestaltung: Heike Unger, Berlin
Zeichnungen: Gerda Laufenberg
Reproduktionen: Reprowerkstatt Wargalla, Köln
Druck: Druckerei J.P. Bachem GmbH & Co. KG Köln
Printed in Germany
ISBN 3-7616-1939-1

www.bachem.de
www.koelsch-akademie.de

Inhaltsverzeichnis

Ein Plädoyer für Düsseldorf	6
Peggy Guggenheim, John Lennon und die Riehler Heimstätten	11
Rotkäppchen aus Nippes	16
Willkommen beim Jan von Werth	21
Prunksitzung im Gürzenich	27
Mit Tante Berta zum Drachenfels	31
Der große Schauspieler	35
Fräulein Seidenstückers geheime Garde	46
Der Wunderdoktor	52
Sex on the beach	55
Dagmars Mutter auf dem Christopher Street Day	58
Jo mir sin kölsche Mädcher	63
Jute Luft jratis	66
Sommernachtstraum	77
Wie es einem gut gehen kann	80
Die Kölner Stadtmusikanten	81
Die Hohe Tatra	86
Man müsste mal wieder Sport machen	90
Meine erste Heilige Kommunion	94
Ein Fenster von Papa	99
Wem gehört die Stadt?	106

Ein Plädoyer für Düsseldorf

Sie können als Kölner oder als Kölnerin ohne weiteres nach Holland fahren und anschließend begeistert von Zaandvoorter Heringsbuden oder Amsterdamer Teestuben schwärmen. Sie werden auf freundliche Reaktionen stoßen. "Eja, da is et wirklich schön. Un habense mal denne ehr Matjes probiert? Lecker ..."
Oder man wird Ihnen erzählen, wie man sich damals - met der janze Famillich! - versehentlich ins Amsterdamer Rotlichtviertel verirrte.
"Ich sag et dir, die soßen do all nackelig em Finster, einfach esu. Met kaum jet aan! Also für die Mutter war dat ne Schock."
Sie können mit wohlwollender Anerkennung Ihrer Nachbarn nach Mallorca düsen und sogar mit dem Gedanken spielen, sich dort lebensabendlich niederzulassen. Sie können ohne Verlust des Ansehens auf Schiffe steigen, die Sie ins nordische Eismeer fahren oder ins südliche Königswinter, nein, es ist nichts dagegen einzuwenden, wenn Sie die ganze Welt bereisen und danach alle anderen wochenlang nerven mit den Schilderungen Ihrer einzigartigen Erlebnisse - man wird es Ihnen in Köln nicht verübeln. Aber tun Sie auf keinen Fall das, was ich vor kurzem tat (und wenn Sie es doch tun, dann verlieren Sie kein Wort darüber): Fahren Sie nicht nach Düsseldorf, weder mit der S-Bahn noch mit dem Auto oder mit dem Fahrrad. Höchstens einmal, wenn Sie von dort abfliegen müssen, weil unsere Kölner Billigflieger Kapstadt oder New-York noch nicht erreichen. Dann wird Ihnen der kurze Aufenthalt im nachbarlichen Düsseldorf verziehen, zumal der Flughafen weit draußen liegt und man bei geschickter Wahl des Weges von der Stadt so gut wie nichts mitbekommt.

Aber bei mir war es anders, ich fuhr freiwillig dorthin. Und mit dem Fahrrad. Mit anderen Worten: Es handelte sich um einen richtigen Wochenendausflug mit der Absicht, Düsseldorf kennen zu lernen, um mein nachbarschaftliches Weltbild zu erweitern. Das war ein leichtsinniger Entschluss, wie ich später einsah. Aber als ich losfuhr, hatte ich überhaupt keine Skrupel, zumal ich vorher in unserer Vorortsbuchhandlung ohne Schwierigkeiten einen Düsseldorfer Stadtführer erworben hatte, ohne dass jemand komisch geguckt hätte. Die verkaufen dort auch Stadtführer von Hanoi oder Peking und fragen nie, was man dort will.

Düsseldorf zeigte sich mir von seiner charmantesten Seite. Als ich ankam, war der Gestank von Dormagen vergessen, die Sonne beschien vorurteilsfrei das Düsseldorfer Rheinufer, auf dem sich Gastronomie vom Feinsten ausgebreitet hat. Tausende von Menschen lutschten an Hummerschwänzchen und tranken Caipirinha. Unter uns dehnte sich ein endloser Tunnel, in dem alle Autos verschwanden, der sie erst dort wieder ans Tageslicht kommen ließ, wo es keine Hummerschwänzchen mehr gab. Das Düsseldorfer Ufer samt Altstadt gehört den fußwandelnden Düsseldorfern und Düsseldorferinnen, die allesamt schön und teuer aussehen. Man geht durch krumme Gassen, die manchmal heftig belebt und überlaufen sind und manchmal so ernst und stille, als ob Heinrich Heine dort gerade sein an Deutschland ermüdetes Haupt zum Schlummer niedergelegt habe. Dann steht man vor einem Reiterdenkmal, das aber keinen preußischen König darstellt, sondern einen Jan Wellem mit wallenden Locken, der – nach seiner Frisur zu schließen - vermutlich mal König von Düsseldorf war. Und dann steht man wieder am Rheinufer und schaut auf die Wiesen und Weiden von Ober- oder Unterkassel, was von Köln aus keinen Unterschied macht, alles sieht sehr beschaulich aus und man möchte über eine der schönen Brücken fahren, die nicht grün gestrichen sind, wie es in Köln seit Anbeginn Gesetz ist.

Unweigerlich trinkt man in Düsseldorf irgendwann auch mal ein Bier. Das Bier heißt ebenso unweigerlich "Alt", was ich für ungerecht halte, weil es gar nicht alt, sondern frisch schmeckt. Derjenige, der den Düsseldorfern eingeredet hat, ihrem Bier einen solch unvorteilhaften Namen zu geben, sollte der Stadt verwiesen werden, aber dann käme er bestimmt nach Köln und wer weiß, welch unvorteilhafte Bezeichnungen er uns einreden würde.

Ich habe im Düsseldorfer Hafen Häuser bestaunt, die aussehen, als wären sie aus zerknautschter Alufolie gefaltet oder aus Papier. Dort stehen auch alte Speicherhäuser, deren ursprüngliche Hässlichkeit man verdeckt hat, indem man sie mit einer Art bunter Legosteine bestückte, die so fröhlich aussehen, dass man beim Betrachten selber fröhlich wird. Es gibt dort Häuser, wo jedes Fenster anders in der Wand hängt und jede Tür eine Überraschung zu verheißen scheint, es gibt Häuser die vor und zurückspringen und andere, an deren Fassade rote und gelbe Plastikmänner emporklimmen.

Ich habe beim Gucken und Staunen richtig Spaß bekommen an moderner Architektur und habe mir vorgestellt, was man in Köln alles hätte machen können am Rheinufer, wo die Langeweile sich unausweichlich ausbreitet, ganz gleich, ob ein neues Hotel oder ein neues Bürocenter gebaut wird.

Und dann bin ich nach Köln zurückgefahren und habe stolz von meinem erweiterten Weltbild berichtet.

Die erste, die mich zurecht wies, war meine Mutter. "Wat, Düsseldorf??! Wat soll dann dodran schön sin??" Und dann fügte sie, so ganz nebenbei, hinzu: "Do kütt dinge Opa her."

Die Tatsache, dass mein längst verstorbener Opa aus Düsseldorf stammt, war für mich neu und für meine Mutter offensichtlich zeitlebens ein Grund, diese Stadt zu meiden. Zumal sie attraktivere Städte kennt: "Ich wollt mit dir immer ens noh Bensberg. Do es et wirklich schön!"
Der nächste, der mir die Düsseldorf-Reise verübelte, war ein Freund, dessen Weltgewandtheit ich bisher stets bewundert hatte. Er kennt die Wüste Sahara, er kennt Rio und Rostock, er reist beruflich durch die ganze Welt. "Düsseldorf ... do ka' mer doch nit hinfahre. Do es doch nix!"
Er betonte das "nix" so überdeutlich als ob es dort nur ein großes, schwarzes Loch gäbe. Als ich ihm erklären wollte, dass dort sehr wohl etwas zu sehen sei, ergänzte er unwirsch "Hür doch op, ich kenne mich do us: Op der Kö..." er holte tief Luft und spitzte den Mund zum Hochdeutsch: "Auf der Kö, wo sich alle esu fein machen, luuren se dir nur auf dein Outfit – un wehe, der Anzug is nich von Armani!"
Er sah strafend auf meine namenlosen Jeans, um für das zweite Argument Luft zu holen: "Un en der Aldstadt musste dat fiese Alt trinken... Jo, wat wills de dann do?"
Ich gab kampflos auf. Zumal ich gar nicht bis zur Kö durchgedrungen war, nie Armani-Anzüge trage und schon aus diesen Gründen nicht mitreden konnte. Dennoch bin ich nachdenklich geworden.
Wie um alles in der Welt konnte es in Köln zu dieser geradezu aggressiven Ablehnung unserer Düsseldorfer Nachbarn kommen? Nun gut, ich habe da eine Cousine, die ist so arrogant und strohdumm wie man sich Düsseldorferinnen manchmal vorstellt. Darunter leidet aber nur ihre Familie und nicht ganz Köln. Ne, mal im Ernst, warum geraten wir immer in eine Art Verteidigungshaltung, wenn es um Düsseldorf geht? Warum erkennen wir nicht, dass die beiden Städte sich viel zu sehr ähneln, als dass es sich

lohnte, über lächerliche Unterschiede zu streiten? Wir sind doch sozusagen Geschwister: Köln ist die ältere Schwester - und hat deshalb natürlich mehr Rechte. Wenn Düsseldorf das einsehen würde, dann kämen wir gut miteinander aus.

Denn liegen sie, unsere geliebten Nachbarn im Norden, nicht wie wir am Rhein - auch wenn sie nur eine Seite davon richtig nutzen? Feiern sie nicht wie wir Karneval, allerdings nur mit einem Prinzenpaar ohne Bauer, und die Jungfrau ist eine Prinzessin und tatsächlich eine Frau. Also ich persönlich finde das nett. Auch haben die Düsseldorfer eine Altstadt, die immer schöner wird, so wie jüngere Schwestern oft aufblühen, während die ältere schon verblasst und nicht mehr so viel auf ihr Äußeres achtet. Am Düsseldorfer Rheinufer trinkt man Champagner-Cocktails und knabbert sauteure Häppchen, an denen kein Senf sondern Kaviar klebt. Wir trinken am Rheinufer Kölsch und überall gibt es Hämmchen und Würstchen, ohne Kaviar aber mit Düsseldorfer Senf. Das müsste doch verbinden.

Unsere Brücken streichen wir natürlich weiterhin grün, dat muss esu sin, irjendwie ... Wenn die Düsseldorfer solche Naturgesetze nicht kennen, spricht das für ihre Unerfahrenheit. Fantasie es god un schön, ävver et jeiht nix üvver jrön.

Das alles müssten wir in Köln endlich einmal richtig überdenken. Unsere Ablehnung ist ungerecht, auch Düsseldorfer sind Rheinländer, und wenn sie protzen, dann tun sie das nur, weil ihnen etwas fehlt. Zum Beispiel der Dom. Oder die Römer. Doch sie werden uns den Dom bestimmt nicht klauen, die wissen doch gar nicht was Gotik ist und halten schon ihren Jan Wellem für alt.

Dabei hat der nie einen Römer gesehen.

Peggy Guggenheim, John Lennon und die Riehler Heimstätten

Eben habe ich Christine Westermann getroffen. Ja genau, die aus der Sendung "Zimmer frei". Sie stieg am Kölner Hauptbahnhof aus dem Zug und plauderte angeregt mit einem ziemlich normal aussehenden jungen Mann, dessen Haare nicht so affig frisiert waren wie die von Götz Alzheimer. Oder heißt der anders? Jedenfalls habe ich die Westermann auch ohne ihren Götz gleich erkannt, sie mich leider nicht. Das hätte mich allerdings auch gewundert, denn sie hat mich vorher noch nie gesehen, außer bei einer Lesung in Dormagen. Da saß ich in der zwölften Reihe und sie las vorne. Sie kann sich daran sicher nicht mehr erinnern. Aber so geht's mir oft. Auch Harald Schmidt kennt mich nicht und Konrad Beikircher auch nicht und Elke Heidenreich besitzt zwar eine Zeichnung von mir, aber die hat sie in einer Ausstellung gekauft und ich war nicht dabei. Jürgen Becker grüßt schon mal, wenn er an mir vorbeiradelt, aber er überlegt nachher bestimmt immer, woher er mich kennt. Ich wiederum kenne zwei ziemlich unbekannte Schauspieler, die mich immer lauthals grüßen und dann überlege ich krampfhaft, in welchem Theater ich die beiden eigentlich kennen gelernt habe. Oder war es bei einer Probe? Jedenfalls sind das auch so ein paar No-Names wie ich, wahrscheinlich aus einem der vielen am Rande des Abgrunds balancierenden Kleinbühnen.

Ich kenne auch viele Maler und vor allem Malerinnen, deren Bekanntheitsgrad deutlich unter dem von H.A. Schult liegt, weil sie keine Muse haben oder einfach weil sie nicht so laut sind. Nun ja, auf den wohlgepolsterten Kollegen kann ich gern verzichten, aber manchmal fände

ich es schon aufregend, einen Abend mit Jürgen Klauke, Bettina Böttinger und Ute Lempert zu verbringen. Oder mit Marcel Reich-Ranicki, Ingrid Noll und Johannes M. Simmel.
Wir würden Fotos machen und die würde ich sogar einkleben.

In meinem Fotoalbum wimmelt es von Bildern, die mich mit Menschen zeigen, deren Bekanntheitsgrad nach Null tendiert. Peggy Guggenheim hatte ein Fotoalbum, in dem sie als Kind mit lauter stinkreichen Onkels zu sehen ist und später dann mit Samuel Beckett oder Max Ernst oder Jean Arp oder Kandinsky. Oder noch später mit Yoko Ono oder Henry Moore oder einem gewissen Tensin Norkay, der, wie man lesen kann, der Erstbesteiger des Mount Everest war. Künstler oder Bergsteiger – Hauptsache, die Besten der Besten. Diese Frau hatte einen exclusiven Geschmack und sie wusste genau, wer mit aufs Foto kommen durfte.
Peggy Guggenheim ist zwar tot und die meisten der auf den Fotos Abgebildeten sind das auch, aber solange sie lebten war es bestimmt wunderbar animierend, sie zu kennen, mit ihnen freundschaftlich zu plaudern und Häppchen essend den Abend zu verbringen. Oder die ganze Nacht. Jedenfalls animierender als mit schweigsamen Alt-Eishockeystars oder mit drögen Karnevalspräsidenten, die eigentlich Sanitärmeister oder Advokaten sind, was man ihnen noch nach dem zehnten Kölsch anmerkt. Neben solche Leuchttürme des sprühenden Witzes komme ich nämlich auf Kölner Veranstaltungen meistens zu sitzen, wenn ich nicht gerade das Pech habe, wieder mal neben einem Bankdirektor samt Gattin zu landen, der wiederum viel lieber neben dem Bürgermeister samt Gattin Platz nehmen würde, weil sich dann im Laufe

des Abends vielversprechende Gespräche führen ließen für das Wohlergehen der Stadt und der Bank.
Da sitzen wir also und sehen uns an andere Tische, und dann kommt einer und macht auch noch Fotos.
Die klebe ich aber niemals ein, weil mir unser krampfiges Lächeln so peinlich ist. Spannend und prickelnd wie Peggy Guggenheims Feste wurden diese Abende jedenfalls nie, schon gar nicht lustig, außer einmal, als ich an einem Tisch im Maritim saß mit einer Getränkekarte, auf der die Preise fehlten. "Das bedeutet" erklärte mir der Kellner mit einem vertraulichen Augenzwinkern, "dass Sie auf Kosten der gastgebenden Firma bestellen können".
Wir haben dann nur noch Champagner getrunken und alle Leute am Tisch waren so lustig wie nie zuvor, sogar der Bankdirektor, für den diese Situation doch bestimmt nicht so außergewöhnlich war. Das Foto dieses Abends zeigt uns jedenfalls alle in seliger Stimmung und wie ich es jetzt so mit Peggys Fotos vergleiche, kommt mir der Gedanke, dass eine gewisse finanzielle Unabhängigkeit das Fröhlich-Sein ungemein erleichtert.
Wenn ich mir nur das Tischchen ansehe auf Peggys Foto von 1954.
"Auf dem Markusplatz mit Max Ernst, Vicot Brauner und Tancredi", so ein kleines Bistro-Tischchen, das fast zusammenbricht unter der Last von Flaschen, Gläsern und leergeputzten Tellerchen, dann fällt mir beschämt ein, wie ich 1996 nach einem mäßig üppigen Frühstück auf dem Markusplatz ernsthaft überlegte, den kostspieligen Venedigaufenthalt vorzeitig abzubrechen.

"Die hinreißende Peggy in einem Gold-Lamé-Kleid von Fortuny auf ihrem Bett aus Silberdraht" lese ich ein paar Seiten später. Da hat sie aber nur so eine Art haarigen Mops im Arm und kein Liebhaber aus der High-Society liegt in dem Silberdrahtbett.

Ich muss plötzlich an Margareta denken, die auch einen Mops hat, mit dem zusammen sie in den Riehler Heimstätten wohnt. Margareta kenne ich noch aus Zeiten, als wir beide im selben Haus in Nippes wohnten. Ich war höchstens fünf und Margareta vielleicht 20. Sie sang Solo-Sopran im Nippeser Kirchenchor Sankt Marien und noch heute hängen die Fotos von ihren Auftritten an der Wand: Margareta mit dem Männerchor aus Bacharach, Margareta in der Abtei in Siegburg ...

Je länger ich die Fotos von Peggy Guggenheim betrachte, desto mehr fällt mir auf, wie sie und Margareta sich im Alter ähneln. Nicht nur wegen des Mopses, auch sonst. Die Falten und die zwangsweise etwas versteifte Würde im Rücken bewirken das wohl. Irgendwie tröstet mich das: Da lebt Peggy in ihrem gewaltigen Palazzo in Venedig, ab und an kommen Jean Cocteau, Igor Strawinsky oder John Lennon zum nachmittäglichen Cappuchino, aber auch Peggy dachte damals hin und wieder an den Tod. Das tut Margareta in den Riehler Heimstätten manchmal auch. Und wenn ich sie besuche, freut sie sich mehr als wenn Igor Strawinsky oder John Lennon kämen, die kennt sie nämlich nicht und ihre Musik würde ihr vermutlich auch nicht gefallen. Es kommen ohnehin immer mal wieder Musiker in die Heimstätten. Die Bläck Fööss zum Beispiel, die haben Margareta zu Karneval schon einmal auf die Bühne geholt und Marie Luise Nikuta hat ihr die Hand geschüttelt. Davon gibt es Fotos, von Margareta persönlich eingeklebt und beschriftet: "2001, ich und Marie-Luise, die Motto-Queen".

Mal im Ernst: Wer wünscht sich da noch Igor Strawinsky oder John Lennon zu Besuch?

Rotkäppchen aus Nippes

In Nippes wohnte ein ziemlich auffälliges Kind mit seiner alleinerziehenden Mutter. Das Kind war zwar nicht frecher als alle anderen, aber eines Tages färbte es sich die Haare knallrot. Das fiel schon deshalb ziemlich auf, weil die Haare vorher scheußlich grün waren. Da freute sich die Mutter so sehr, dass sie ihr Kind fortan nur noch Rotkäppchen nannte.

Rotkäppchen hatte eine Großmutter, das war die „Oma aus Marienburg". Die kam nur selten nach Nippes, weil sie dort erstens nie einen Parkplatz und zweitens alles unter ihrem Niveau fand. Wenn sie das sagte, hätte man glauben können, sie sei eine Schwester von Queen-Mum, dabei stammte sie aus Kalk. Doch dann hatte sie einen alten, reichen Herrn in Marienburg erst bekocht und dann geheiratet, was der alte Herr nicht lange überlebte. Seitdem wohnte Großmutter allein in der Marienburger Villa und wurde geizig wie er.

Rotkäppchen fuhr einmal im Monat mit dem Bus nach Marienburg. Oma war wunderbar schwerhörig und Rotkäppchen konnte zum Beispiel sagen:

„Na, du alte Hexe, wann wird das Haus hier denn endlich frei?"

Oder:

„Ich freu mich schon mächtig auf deinen verschimmelten Kuchen, liebe Oma. Wie fein der sich seit Ostern gehalten hat."

Und weil sie dabei so lieb lächelte, streichelte Großmutter ihr rotes Haar und polterte:

"Ja, ja, ich freu mich auch auf Ostern."

Und dann bot sie alte Plätzchen und dünnen Kaffee an. „Kinder vertragen keinen starken Kaffee", erklärte sie kategorisch. Bei Erwachsenen hatte sie eine andere Ausrede, irgendwas mit Herzklopfen.

Wieder mal saß Rotkäppchen im Bus der Linie 106 und fühlte, wie ihr Niveau sich hob, je näher sie auf Marienburg zufuhr. Beim Aussteigen fiel ihr ein, dass sie Oma daran erinnern sollte, ein paar Flaschen Wein aus dem Keller herauszurücken, den der alte Herr wohlgefüllt hinterlassen hatte. Ihre Mutter hatte es ihr aufgetragen und sie überlegte, wann es taktisch am klügsten sei, diesen Wunsch vorzutragen. Sie riss ein paar Rosen von einem wunderschön blühenden Busch und lächelte den plötzlich auftauchenden Gärtner holdselig an.

„Die hat sich meine Großmutter gewünscht" sagte sie mit einem scheuen Augenaufschlag, „die wonnt do drüvve en dä jroße Villa". Da rückte der Gärtner ganz freiwillig noch mehr Rosen heraus und beglückwünschte die alte Dame zu einer solch netten Besucherin. Er wäre am liebsten gleich mitgegangen, aber Rotkäppchen setzte ihren hoheitsvollen Marienburg-Blick auf und der Gärtner ging zurück an seinen Rasenmäher.

Die Oma staunte sehr, als sie den großen Strauß sah, den Rotkäppchen ihr überreichte.

„Die sin vom Nippeser Wochenmarkt – extra für dich jekauf", brüllte Rotkäppchen der Großmutter zu. Die war so gerührt, dass sie unversehens in ihre Kalker Heimatsprache zurückfand:

„Nä, Könk, wat sin die schöööön. Un die häs de vun Neppes bes noh hee metjeschleif? Ich woss jar nit, dat et en Neppes jet anderes jitt wie die Blömcher vum Aldi..."
Großmutter brüllte, weil Schwerhörige immer denken, andere seien das auch.

Rotkäppchen überlegte, ob sie schon hier die Gelegenheit ergreifen solle zu erklären, dass es in Nippes derzeit zwar einen großen Überschuss an Blumen, aber einen bestürzenden Mangel an Wein gebe, aber das kam ihr dann doch zu verfrüht vor. Also setzte sie sich brav an den Tisch, wo

ein krümeliger Kuchen dahintrocknete. „Wöröm jitt et hee immer nor dat drüjje Zeuch" stöhnte sie beim Anblick des Kuchens. „Un dobei bestemmp widder dä dönne Kaffee. Domet kanns de em Marienburger Jolfclub de Löcher zoschödde un de Wühlmüüs verdrieve - ävver ich ben kein Wöhlmuus!".
Sie lächelte die Großmutter ganz lieb an, die gerade wieder ins Zimmer gekommen war.
Die ließ für einen Augenblick verblüfft den Unterkiefer hängen und dann knallte sie Rotkäppchen gewaltig eine auf die Backe.
„Wat häs de jesaht, wat häs de do jesaht???" fauchte sie und Rotkäppchen ging in Deckung. Irgendwas stimmte nicht. Aber schon klärte die alte Dame die Situation „Ich han e Hürjerät, ich kann jetz widder hüre, besser wie do!!" schrie sie.
„Ich wor esu jespannt, wat Do mer su alles verzälls, Do ... met Dingem Engelsjeseech! Ich wor beim Köttjen!"
Und mit hochdramatischer Stimme fügte sie zu: "Damit ich dich besser hüre kann - dreckelije rude Panz, dä do do bes!!"

Rotkäppchen verschlug es die Sprache und für die Sache mit dem Wein war es jetzt auch zu spät.
„Oma, ich finde solche Geräte unanständig ...nä, w-ü-r-d-e-l-o-s !". Sie brachte das so vornehm wie möglich heraus. „E Hürjerät, verstoche en dingem jroßen Ohr - dat es ne familjäre Lauschangriff!! ..."
Mit diesen Worten schoss sie an der Großmutter vorbei ab durch die Tür.
Der Gärtner staunte nicht wenig, Rotkäppchen nach so kurzer Zeit wieder vorbeikommen zu sehen.
„Na, was hat die alte Dame zu den schönen Blumen gesagt?" grinste er vertraulich.
Rotkäppchen grinste zurück.

„Sie hat gesagt", sagte sie und holte tief Luft „Se hät jesaht, der Gärtner solle künftig sein Kofferradio immer so laut wie möglich vor ihrem Fenster laufen lassen – hat sie gesagt! Damit sie das besser hören kann. Und dann hat sie die Rosen jefressen! Ich glaube, sie kann auch nicht mehr jut sehen ..."
Der Gärtner staunte nicht schlecht und stellte das Kofferradio auf die höchste Lautstärke.

Rotkäppchen beschloss, ihn künftig zu ignorieren.
Er besaß sowieso keinen Schlüssel zum Weinkeller.

Willkommen beim Jan von Werth

oder

Dat können Se nich wissen ...

Der Mann, der sich mit Taschen und Plastiktüten zu Füßen des Denkmals Jan von Werth ausgebreitet hatte, sah müde aus. Vielleicht hatte er eine schlaflose Nacht hinter sich, denn die Stufen zum Denkmal sind hart und kantig. Vielleicht war er aber auch immer müde, weil das ständige Tragen und Bewachen so vieler Plastiktüten einfach müde macht. Er besaß aber noch genügend Lebensart, um mir mit großer Geste einen Platz auf einer seiner Stufen anzubieten.

"Willkommen beim Jan von Werth!" lud er mich ein und schubste mit dem linken Fuß eine Bierdose quer über den Platz. Seine beiden Schnapsflaschen legte er behutsam in eine Aldi-Kühltüte.

Ich zögerte. Schließlich wollte ich das Denkmal nur zeichnen, nicht besetzen, schon gar nicht zusammen mit einem struppigen Penner, auch wenn der sich noch so freundlich gab. Ich ließ mich vorsichtig nieder, weil ich nicht wusste, wie ich das Angebot ablehnen sollte.

Der Mann schielte aus rotgeränderten Augen zu mir herüber. Ich packte meine Skizzenbuch aus.

"Kennt Ehr dä Jan von Werth?" fragte er mich unverhofft und wartete keine Anwort ab. "Also dat es ene ganz jewiefte jewäse, däm sin de Fraulück nor su nohjerannt!"

"Haben Sie ihn denn gekannt?"

Der Mann lachte. Dabei kniff er beide Augen zu, so dass nur noch rote Ränder zu sehen waren. Ihm kullerten Lachtränen auf die stoppeligen Backen. Er schnappte nach Luft. "Ich dä jekannt?! Leevche, dä es zick 1000 Jahren dud! Dä kennt hügg keiner mih, nit ens ming Oma."

Da die Oma des Mannes als objektive Zeitzeugin ausschied, schien das Alter des Jan von Werth in die grauen Nebel der Vorzeit gerückt zu sein. Der Mann zupfte brummelnd an seiner Nase und überlegte, ob es sinnvoll sei, einer ahnungslosen, unwissenden Touristin zu helfen. "Woför wollt Ehr dä Mann dann mole, wann Ehr en jar nit kennt?" fragte er und rieb sich die Bartstoppeln. Dann zwinkerte er mir vertraulich zu.

"Dat es en jecke Saach met däm Jan. Dat können Se natürlich nich wissen ..."

Jetzt kam ich mir fies vor, weil ich ihm meine gar nicht so geringen Kenntnisse vom Leben des Jan verschwieg. Aber die Rolle gefiel mir: Ich hatte keinen Schimmer und bedurfte der Aufklärung.

"Nein, eigentlich weiß ich gar nichts über den Typ. Wer war das denn?"

Der Mann lehnte sich zufrieden gegen seine Tüten und schaute mich aus verschwommenen roten Augen an.

"Ich könnte Ihnen da so einiges erzählen, aber dat wird ene heiße Tag heut ..."

Ich verstand.

"Soll ich drüben beim Gaffel ein Kölsch holen?" fragte ich. Er schüttelte den Kopf.

"Nä, nit aus Gläsern. Do drüvven op der Sigg jitt et e Büdche, da können Se Flaschen kaufen." Er zögerte. "Oder geben Se mir dat Geld, ich geh dann selber."

"Finden Sie nicht, dass ich erst die Geschichte hören darf und dann holen Sie das Bier?"

Der Mann schaute mich beleidigt an und holte Luft: "Also wissen Se, ich beobachte dat schon seit längerem: Die Lück, die hee jede Meddag hinger su enem Studiosus herlaufe un sich de Stadt erkläre looße – die bezahlen all v ü r h e r!! Dä säht nix, ih dat se all bezahlt han!"

"Sie brauchen mich nicht führen. Ich will nur eine Geschichte hören" wagte ich einzuwenden, war aber

schon auf dem Weg zum Kiosk. Zwei Flaschen fürs erste, das musste reichen.
Der Mann schaute voller Bewunderung auf die bereits geöffneten Flaschen und dann auf mich. "Alle Achtung, Frollein, Sie können mitdenken! Ich han nämlich mingen Designer-Öffner verlore."
Er setzte eine Flasche an, schluckte etwa die Hälfte und putzte sich seufzend den Schaum aus den Stoppeln. "Nä, dat deit jod …"
Dann sah er erstaunt auf mein erwartungsvolles Gesicht. "Ach ja, dä Jan von Werth …" fiel ihm wieder ein. Er wies mit dem Zeigefinger auf das Denkmal.
"Also dat wor esu: Dä Jan wor ene Buur us Worringe. Kennt Ehr Worringe?"
Ich verneinte.
"Da müssen Se mal hin. Da hatte ich mal ne tolle Frau … oder war dat Wesseling … ? Dat es alles esu lang her …"
Er versank in Erinnerungen. Ich schubste ihn vorsichtig aus seinen Träumen.
"Egal … Alsu dä Jan kom us Wesseling un hatt en Frau, su ene richtige Schoss, en Worringe. Ävver dä Schoss es im nit treu jeblevve un do hät der Jan …"
Er überlegte krampfhaft, wie die Geschichte weiterging, dann fiel es ihm ein:
"… hät der Jan der Jupp met der Messgaffel opjespieß. Eja, einfach opjespieß!"
Über den aufgespießten Jupp – offensichtlich ein Rivale des Jan von Werth - schien sich der Mann mächtig zu freuen.
"Nä, dä Jan hät sich nix jefalle looße!!" stellte er mit Genugtuung fest und nahm noch einen Schluck aus der Flasche.
Es sah aus, als ob er jetzt einschlafen wolle und deshalb fragte ich laut: "Der hier auf dem Denkmal sieht aber nicht aus wie ein Bauer. Und er heißt auch Jan von Werth, nicht von Worringen zu Wesseling."

Der Mann war verdutzt. "Nä, do häs de Rääch ... Werth, eja, ... dat liegt direkt hinter Worringen!"
"Und warum hat er hier in Köln ein solch großes Denkmal bekommen?"
"Ach, dat es ene lange Geschichte ..."
"Die wollten Sie mir erzählen!"
"Ja, aber nur gegen Honorar. Wie die richtigen Stadtführer!"
"Die richtigen Stadtführer haben eine Lizenz. Nur damit darf man Honorar kassieren. Haben Sie eine Lizenz?"
Wieder kam ich mir fies vor.
Der Mann guckte verblüfft, dann grinste er. "Mädche, wat bes do fies. Also jod, kein Honorar - aber noch zwei Flaschen!"
"Erst die Geschichte!"
Er seufzte und starrte in die Luft. Die Geschichte schien er dort irgendwo abzulesen.
"Jo ..., der Jan hät dat Mädche us Neppes nit kräge un do es e bei de Fremdenlegion jejange. Un do hät e dann dä Rommel jetroffe un es em Afrikafeldzug berühmp jewoode, weil e ..." Er stockte und schien verzweifelt zu überlegen, wie man auf Afrikafeldzügen berühmt werden könne.
"Sagten Sie nicht, der Jan sei schon seit 1000 Jahren tot?" fragte ich vorsichtig.
" Quatsch! Ming Oma hät dä Kääl noch jekannt!" Die Empörung des Mannes war echt.
"Hat Ihre Oma den Jan in Worringen oder in Afrika kennengelernt?"
Der Mann schien nachzudenken. "Dat können Se natürlich nich wissen ..." seufzte er. "Ich gläuv', dat wor en Worringe, om Schötzenfess."
Er starrte noch intensiver in den Himmel über dem Altermarkt.
"Eja, do es der Jan Schötzekünning gewoode, dat wor 1877, un dann es e noh Afrika un dann hät e de Elfen-

beinküste entdeck un es op enem Elefant zoröck noh Kölle en der Zoo, wo im der Adenauer..." er stutzte einen Moment " nä, dat wor der Kaiser – dä hät im dat Denkmal versproche."

Der Mann lehnte sich erschöpft zurück und ergänzte: "Aber eigentlich wär im ne Kasten Kölsch lieber gewesen!" Er schien auf dieses Detail seiner Geschichte großen Wert zu legen.

"Und warum steht das Denkmal nicht im Zoo?" Ich kann Korinthenkacker auch nicht leiden. Die Frage war mir einfach so rausgerutscht. "Ja wat weiß ich!!?" brüllte er mich an. "Do wor et zo eng! Oder dä Jan hät en Allergie jäje Aape gehat ... wat weiß ich!"

Und dann fiel ihm ein, wie es wirklich war: "Nä, dat wor esu: Dä Jan hät dodrop bestande, hee en der Aldstadt opjestallt zo wääde. Em Zoo jitt et nor Wasser. Ävver hee jitt et an jeder Eck e Kölsch!!"

Er sah mich lange an, dann hob er die zweite Flasche zum Denkmal hin.

"Pross Jan, do aale Suffkopp. Ich hätt dat Griet met däm Appelkompott och nit jenomme!"

Dann wandte er sich wieder an mich.

"Ävver dat können Se natürlich nich wissen ..."

Prunksitzung im Gürzenich

Soll ich Ihnen mal von meiner ersten großen Karnevalssitzung erzählen? Genauer gesagt von meinem Auftritt bei der ersten großen Prunksitzung meines Lebens? Ja, man kann wirklich "Auftritt" sagen, obwohl ich natürlich nicht in die Bütt stieg. Aber Aufsehen erregte ich trotzdem. Und nicht nur ich.
Es muss Anfang der achtziger Jahre gewesen sein, ich war vom Karneval völlig unbeleckt und von Karnevalssitzungen noch mehr. Ich stamme aus einer ziemlich unkarnevalistischen Familie, mein sauerländischer Vater benahm sich vor allem während der Karnevalszeit betont sauerländisch, was für uns bedeutete: keine Teilnahme an Festzügen, keine Verkleidung, keine Sitzungen. Während andere die neuesten Karnevalslieder am Radio lernten, hörten wir klassische Musik und fuhren Rosenmontag ins Bergische Land. Dies nur zur Erklärung.

Also ich erhielt eine Einladung zur großen Prunksitzung in den Gürzenich. Vielleicht hieß es auch Galasitzung, jedenfalls so ein Ehrenplatz zwischen Ehrengästen. Und ich durfte sogar noch drei weitere Menschen zur Begleitung mitnehmen. Das war möglich, weil ich auf etwas komplizierte Weise mit der damaligen Festkomiteepräsidentengattin Melitta verwandt war, und die lud mich samt kleinem Freundeskreis an ihren Tisch.
Ahnungslos und etwa so gut vorbereitet wie ein schottischer Schafhirt, der zum Tee bei der Queen eingeladen wird, sagten wir zu.
Wir wussten nicht viel über Karneval, nur eines wussten wir: Totale Kostümierung war angesagt. Bei einer Prunksitzung darf man sich nicht lumpen lassen und auch wir wollten prunken. Das heißt, eigentlich wollten das nur wir Frauen, die Männer reagierten eher verhalten und

sauerländischer als mein Vater. Doch ein Argument überzeugte sie: Wenn alle sich verkleiden, ist der Unverkleidete die auffällige Ausnahme.
Wir entschieden uns für Teufelskostüme. Die Begeisterung der Männer hielt sich in Grenzen. Sie waren mehr für den lässigen John-Wayne-Auftritt in Western-Look mit Colt, Patronengürtel und Halstuch, aber es war damals eine pazifistische Zeit und Kostüme, die irgendetwas mit Schießen zu tun hatten, kamen überhaupt nicht in Frage. Abgesandte der Hölle, das ja, aber nicht mit Patronen und Colt, sondern streng katholisch mit Hörnern.
Feuerrot eingefärbt erschienen wir im Gürzenich, mit schwarzen Umhängen, an denen hinten Teufelsschwänze neckisch wippten. Wir waren spät dran, weil wir für die ungewohnte Schminkaktion längere Zeit brauchten als wir angenommen hatten. Wir erschienen also in letzter Minute, sozusagen fünf Minuten vor zwölf und vor allem viel zu spät, um noch einmal den Rückzug anzutreten. Und so betrat eine Gruppe, die direkt der Hölle entsprungen schien, den prallvollen großen Saal im Gürzenich. Die Wirkung war verblüffend.
Festlich gekleidete Menschen starrten uns an, Herren im Smoking grinsten unverhohlen, Damen in Abendgarderobe rissen die schwarzbewimperten Augen auf. Falls irgend jemand hier kostümiert war, dann nur die Kellner in ihren weißen Schürzen. Meine Schwipp-ich-weiß-nicht-was-Tante Melitta stürzte auf uns zu und zerrte uns nach vorn.
"Jodd, leev Jerda - do hätte mer drüvver spreche solle ... Ich han ävver och jeadach, do wöss Bescheid ..."
Sie platzierte uns so unauffällig wie möglich zwischen lauter wichtige Leute, die allesamt aussahen, als ob sie zum Opernball nach Wien wollten. Und alle lächelten so verständnisvoll. "Genauso scheißfreundlich zurücklächeln" zischte ich, denn ich ahnte, dass sie uns in

Wirklichkeit für Revoluzzer hielten, Abgesandte der RAF, zumindest aber für Anhänger einer traditionsfeindlichen, studentischen Gruppierung, die gerade mit der Stunksitzung begonnen hatte.
Unsere Männer versteinerten.
"Das hab ich gewusst, das habe ich geaaaahnt ..." stöhnte der, den ich im Schlepptau hatte und riss sich die Hörner vom Kopf. Unbehornt fühlte er sich weniger geschminkt und ich brachte es nicht fertig ihm zu sagen, wie auffällig sich jetzt seine weiße Halbglatze vom Rot des feuerrot geschminkten Kopfes abhob. Artig und mit gesenktem Blick grüßten wir die Leute am Tisch, die ohne Ausnahme wohlklingende Namen trugen und auch so gekleidet waren. Eine Zeit lang hoffte ich, sie würden uns für Gesandte eines seltenen, afrikanischen Stammes halten, bis wir entdeckten, dass die Namenschilder an unseren Plätzen längst unsere Identität offenbart hatten. Wir tranken erstmal eine kalte Ente leer, dieses fürchterliche Gesöff aus billigem Sekt und billigem Wein, und versuchten, uns ganz, ganz klein zu machen, wobei wir es tunlichst vermieden, uns anzusehen.
Und dann fing meine Freundin plötzlich an zu lachen. Erst prostete sie mir zaghaft zu, sie sah mich an ... sie sah mich lange noch einmal an ... und dann brach es aus ihr heraus. Sie prustete und johlte und zeigte mit dem Finger auf mich und meine Hörner und sah in den Saal auf die Perlenketten und die schwarzen Krawatten und warf sich vor Vergnügen hin und her. Das steckte an, ich begann auch zu lachen und Karl-Heinz mit der weißen Halbglatze und Wilfried, dem die Hörner langsam nach hinten rutschten, mussten auch lachen und dann begann der ganze Tisch zu lachen und wir schrien und quietschten und die Tränen liefen über unsere dunkelroten Wagen und oben auf der Bühne tanzten irgendwelche Funken, denen man ansah, wie überrascht sie waren, dass ihr Auftritt solche Begeisterungsstürme an unserem Tisch auslöste.

Ich kann nicht sagen, dass unsere Heiterkeit im ganzen Saal gut ankam. Aber da war es mir auch schon egal. Wir flüchteten ins Foyer und raus in die Martinsstuben, wo rote Teufel zu jeder Zeit offensichtlich Stammgäste waren, und der Wirt fragte uns völlig unbeeindruckt: "Noch e Kölsch – oder drinkt ehr en der Höll nor Feuerwasser?"

Schwipp-Tante Melitta hat uns keine Karten mehr geschenkt. Schade eigentlich. Jetzt, wo wir Bescheid wussten.

Mit Tante Berta zum Drachenfels

Mein Pech war, dass ich ganz in der Nähe des Drachenfels geboren wurde. Niemand in unserer Familie war stolz darauf. Doch Köln war zur Zeit meiner Geburt nicht der Ort zum Kinderkriegen, ständig fielen Bomben, und so wurde meine Mutter rechtzeitig nach Ittenbach gebracht. Ittenbach liegt mitten im Siebengebirge oberhalb von Königswinter, kein Mensch in Köln kannte den Ort. Wer etwas auf sich hielt, kam im Severinskloster zur Welt oder zumindest in Hohenlind. Aber Ittenbach? Das war ja fast so schlimm wie Bergheim.

Ich muss dies vorausschicken, damit klar wird, warum wir jahrelang mit dem Schiff konsequent an Königswinter samt seinem Drachenfels vorbeifuhren, wenn wir einen Schiffsausflug machten. Unsere Haltestellen lagen immer in Remagen oder Linz. Wir erklommen den Rolandsbogen oder irgendwelche unbekannten Weinberge, aber nie den Drachenfels.

Dann gewann eines Tages meine Tante Berta, die dickste und liebste aller meiner Tanten, eine Reise für zwei Personen mit dem Schiff nach Königswinter. Ich weiß nicht mehr, welches Rätsel sie gewonnen hatte, sie löste grundsätzlich alle, bei denen es was zu gewinnen gab. Ihr Mann war im Krieg gefallen, ihr Sohn ständig mit den Pfadfindern unterwegs und ich, die liebste aller Nichten, war noch nie in Königswinter gewesen - Gründe genug, mich auf die Reise mitzunehmen. Meine Mutter stimmte säuerlich lächelnd zu, nicht ohne eindringlich vor den vielen dort lauernden Trunkenbolden zu warnen.

An einem Sonntag mit strahlendem Himmel trafen wir in Königswinter ein. Tante Berta hatte bereits auf dem Schiff reichlich vom Rheinwein probiert. Der war für sie als Preisrätsel-Gewinnerin umsonst und ich vermute, dass man diesen Teil des Gewinnes nach Tante Bertas Reise gestrichen hat. Wir stolperten fröhlich vom Schiff, Tante Berta sang aus vollem Hals und ich musste mitsingen, damit sie nicht aus dem Takt kam. Wir kehrten in zwei oder drei Weinstuben ein - "damit dat Könk ens jet zo esse kritt!" – ich bekam die ersten Fritten meines Lebens und Tante Berta, die keinen Hunger hatte, trank noch ein Schöppchen.

So gelangten wir allmählich die Straße hinauf zu der Stelle, wo die Esel standen. Tante Berta stieß einen Jauchzer aus, als sie die aufgeputzten Tiere sah und lief mit ausgebreiteten Armen auf einen erschreckten Esel zu. Der Esel drehte sich demonstrativ um, was ihm meine Tante Berta mit dröhnendem Lachen verzieh. "Dat Dier kann mich nit ligge", stellte sie jovial fest, um sich im gleichen Augenblick auf ein anderes Tier zu stürzen, dem keine Zeit blieb in Deckung zu gehen.
"Dä nemme mer!" erklärte sie zum Schrecken des Eselsführers, der einerseits das Gewicht der Tante abzuschätzen versuchte, andererseits den Grad ihrer Trunkenheit. Meine Tante reagierte bewundernswert feinfühlig: "Nit bang sin! Ich persönlich jonn zo Foß. Nur das Kind kütt op der Esel!"
Auch der Esel schien beruhigt und ich ritt stolz neben meiner singenden Tante und einem verlegen dreinblickenden Eselsführer den Drachenfels hinauf. Unterwegs hielten wir noch an den letzten Weinkellern, Tante Berta trank mit Pitter, dem Eselsbesitzer, Brüderschaft und später wankten beide Arm in Arm hinter dem Esel und mir die Straße hoch.

Der Aufenthalt oben verlief kurz. Wir standen auf einer dreckigen Betonplatte und schauten auf das Rheintal hinunter, geschubst und gedrängt von anderen Besuchern, die fast alle holländisch sprachen. Ich war ziemlich ent-

täuscht, weil nicht einmal die Schwanzspitze eines Drachens zu sehen war geschweige denn ein feuerspeiendes Maul. Tante Berta schaute verzückt ins Rheintal, fand aber niemanden, der mit ihr das Lied vom Nachtigallental singen wollte und so gingen wir auf die Suche nach Pitter, weil die Suche nach dem Drachen nicht lohnte. Pitter saß selig lächelnd neben seinem Esel, strahlte übers ganze Gesicht, als er Tante Berta auf sich zurollen sah und überredete sie, den Esel zu besteigen. Das gelang nach mehrfachen Versuchen, Tante Berta umschlang den Hals des stoisch trabenden Tieres und ich trottete hinterher. Pitter brachte uns heil nach unten. Pitter und der Esel mit der Tante schnauften hinter mir, aber die Tante jauchzte nur in einem fort, vor allem, wenn Pitter schützend ihre Hand ergriff. Unten weigerte er sich standhaft, für den Transport Geld anzunehmen. Daraufhin wollte ihn Tante Berta gerührt auf einen weiteren Schoppen Wein einladen, aber dann fiel ihr im letzten Moment ein, dass unser Schiff in wenigen Minuten abfuhr. Pitter ließ den Esel stehen, wir stolperten alle zusammen prustend hinunter zum Schiff und kurze Zeit später stand ein sehr einsamer Pitter an der langsam entschwindenden Anlegestelle und winkte und winkte ...

Kaum war er außer Sicht, erklärte Tante Berta, sie wolle jetzt dem Kapitän persönlich ihr Dankeschön für die Reise aussprechen. Glücklicherweise schlief sie gleich darauf ein, so dass wir und das Schiff unbeschädigt in Köln ankamen.

Tante Berta war dort bereits wieder frisch und munter. Meinen Eltern erzählte sie von den schönen Ausblicken in die Natur und dass ich "an meiner etwas ausgefallenen Geburtsstätte" sogar auf dem Esel geritten sei. Kein Wort von Weinstuben, kein Wort über Pitter.

Ich habe auch nichts gesagt.

Aber ich hätte sie gerne gefragt, was sie mit der "etwas ausgefallenen Geburtsstätte" gemeint hatte.

Der große Schauspieler

Sie bot ein Bild der absoluten Entspannung. Jedenfalls hoffte sie, dass es so aussah: Lena, die gelassene Gastgeberin, wie sie wohlwollend aber nicht sonderlich interessiert ihrem Partner Toni zusieht, der das Publikum für sich zu gewinnen sucht. Er füllt sie richtig ab mit seinen Geschichten, dachte sie, warum habe ich das Buffett bestellt? Jetzt sprang er auf und spielte eine Szene aus Hamlet. Die hatte ein Kollege leider fürchterlich verpatzt, und Toni zeigte vergnügt, warum. Am Ende werden sie nur noch leise sprechen vor Bewunderung, dachte Lena, oder schüchterne Fragen stellen nach weiteren, faszinierenden Details. Sie lassen sich alle zu Stichwortgebern machen und fühlen sich noch geehrt.
Leni legte ihre überlangen Beine mit großem Schwung von links nach rechts.
Vielleicht ist er doch ein besserer Schauspieler als ich denke? Jedenfalls hat er die hier im Griff.
Die hier ... Das waren vor allem ein paar Gymnasiallehrerinnen aus Lindenthal und Rodenkirchen, eine Stadträtin mit Bürgermeisterambitionen, eine Zahnärztin aus Bayenthal, die schon einmal einen Gedichtband veröffentlicht hatte und ein paar Geschäftsleute mit Theaterabonnement, allesamt wohlhabend, gebildet und bildungshungrig - das ideale Publikum für Toni. Er war die schillernde Figur, der die nicht gerade aufregende Welt wohlhabender Kölner Bürger um einen Blick hinter die roten Theatervorhänge dieser Welt bereicherte, und wenn er ihnen seine bissigen, kleinen Geschichtchen über die berühmten Größen des Showgeschäfts zuwarf, schnappten sie gierig nach jedem Happen.
Wie schön es ist zu lästern, wenn man selbst nicht viel zu bieten hat, dachte Lena. Aber diesen Satz hätte sie niemals ausgesprochen. Sie war Rechtsanwältin, Chefin einer

angesehenen Kanzlei. Sie war beliebt, geachtet, begehrt. Der Mann an ihrer Seite musste zu ihr passen, auch wenn es anstrengend war, die Illusion aufrecht zu erhalten. Toni war in seinen Ausführungen bei einem seiner Kollegen angekommen, den alle kannten: Ach ja, Bruno Ganz ... Der Bruno, das wurde aus Tonis Anmerkungen klar, war letzlich auch nur ein kleiner Mensch, als Kollege übrigens ganz fu-uurchtbar hilflos, ohne Toni wäre er völlig aus der Bahn geworfen worden, hätte Toni ihm bei seiner ersten Rolle am Burgtheater nicht die entscheidenden Tipps gegeben. "Eigentlich ein ganz schlichtes Talent, dieser Bruno, aber gut zu lenken." Toni, der wie versunken aus seiner Erinnerung zu schöpfen schien, wandte sich mit einem Ruck ans Publikum:

"Haben Sie den Film "Der Untergang" gesehen?"
Alle nickten.

"Na, der Bruno hat sich da am Anfang so schwer getan mit der Rolle, so schwer ..." Toni sog genussvoll an seiner Zigarette und guckte in die Runde.

"Er wollte einfach nicht ran. Ich traf ihn mal zufällig bei einem Dreh in München. Bruno, hab ich gesagt, Bruno, mach den Hitler. Du hast das Zeug dazu. Die Leute werden es dir nicht übel nehmen, sie werden diesen Hitler durch dich erst kennen lernen."

Er sah sich um im Raum um und zog die Stirn kraus. "Gott ist mein Zeuge, dos warrr schwerrr, den Jungen herrrum zu kriegen ..."

Ein wohliges Schaudern erfasste die Zuhörer: Jetzt spielt Toni den Hitler. Lena fürchtete, er könne sich auch noch die Haare quer scheiteln und ein Bärtchen anmalen, doch Toni hielt sich zurück. Es war auch ohne Verkleidung klar, dass Toni den Hitler genauso gut gespielt hätte wie Bruno Ganz.

Die Zahnärztin seufzte. Welch wunderbarer Kollege, dieser Toni... So einen wie den hätte sie sich gewünscht, als

guten Freund, als Partner. Oder auch als Liebhaber. Lena war zu beneiden ...

Je länger Toni erzählte, desto illustrer wurde sein Freundeskreis. Peter Zadek, Elfriede Jelinek, Mario Adorf und Jeanne Moreau, alle kannte er. Viele Freunde hatte er leider, leider schon verloren, Bernhard Minetti konnte ihn gerade noch zur Premiere des Stücks "Minetti" einladen, bevor er das Zeitliche segnete. "Der Thomas Bernhard hat ihm das Stück auf den Leib geschrieben. Eigentlich ist der Thomas ja ein waaahnsinnig egozentrischer Typ, aber den Minetti, den hat er gemocht."

Rainer-Werner Fassbinder hätte sich einmal in seinem Beisein beinahe die Pistole gegeben. "Der war wieder mal so vollgedröhnt, der arme Kerl. Wir konnten ihn gerade noch davon abhalten, los zu drücken."

Wir, das waren Hanna Schygulla und Mel Ferrer, die sich damals irgendwo in Schwabing getroffen hatten, um zusammen mit Toni den Rainer Werner Fassbinder zu retten.

Das Publikum schnaufte.

"Hatten Se nich auch mal hier in Köln bei der Trude Herr mitgespielt?" fragte ein älterer Herr. "Ich meine, ich hätt Se da mal jesehn. Da haben Se ne Karnevalspräsident jespielt. Dä stundt immer en der Ungerbotz un hät mit singer Frau de Fessrede geübt. Oder nit?" Der ältere Herr hieß Werner, war Bauunternehmer und schaute Toni neugierig an.

Toni schien einen kurzen Moment irritiert, dann schaute er sinnend drein.

"Ach ja, die Trude ..." Die Erinnerung schien ihn zu überkommen.

"Die Trude, das war eine ganz besondere Frau. So voller Elan. Und so allein. Ich habe ihr damals die Bitte nicht abschlagen können."

Lena war sprachlos. Das war ihr völlig neu. Der große

Schauspieler Toni, in Göttingen beim Wallenstein und in Salzburg beim Jedermann - dieser Toni im Theater im Severinsviertel bei Trude Herr ...?
"Eja, et Trude..." Toni wechselte geschickt in einen rheinischen Dialekt über.
"Se kannte mich ja noch aus dem Sandkasten. Ich war für se so wat wie ne kleine Bruder."
Er schaute zu Lena hinüber, die in ihrem Sessel interessiert die Decke anstarrte. Ob Lena ihm den Ausrutscher ins Volksschauspiel übel nahm? Toni wurde für einen kurzen Moment unsicher.
"Ich muss dat erklären: Ich kam grad von enem Engagement aus Hamburg. Et Trude hab ich zufällig getroffen. Et hatt in Afrika in der Wüste e Stück geschrieben, war sich aber nit sicher. Wegen der Besetzung. De männliche Hauprolle, die war arg schwierig, sehr facettenreich ... Jung, hät et Trude gesaht, Jung, do kanns spille! Wann einer dat spille kann dann do!"

Dass Toni, der immer einen leichten Wiener Akzent pflegte, plötzlich in ein wunderbar singendes Kölsch verfiel, verblüffte die Anwesenden und begeisterte sie. Der große Toni - einer von ihnen. "Ne echte Jung us Kölle", sagte die Stadträtin.
"Komm loss dich bütze!" rief die Zahnärztin in einer Anwallung von Begeisterung und warf sich ihm in die Arme. "Du hast die Trude gekannt – dafür muss ich dich küssen!"
Und dann küsste sie ihn tatsächlich.
Lena überlegte, ob Trude wirklich der Grund für diesen leidenschaftlichen Kuss war. Eher nicht, dachte sie, aber Toni hat auf die Ärmste Eindruck gemacht. Das ist doch, was er eigentlich will - und die Rolle beherrscht er: Toni der Schauspieler ohne Engagement als Romeo, als Don Juan, jedenfalls als bühnenerfahrener Herzensbrecher. Hier spielt er mal wirklich die Hauptrolle.

In einer Nebenrolle hatte sie ihn kennen gelernt, er war ihr damals sehr charmant erschienen, so spontan, so witzig, so voller Bonmots. Der große Mime spielte an diesem Abend nur für die kleine Lena ... Eine kurze Zeit war sie hingerissen von diesem schauspielernden alten Jungen, hatte tatsächlich geglaubt, ein Genie getroffen zu haben, zudem noch ein amüsantes. Nun ja, sie hatte geirrt, und ihre Zweifel, ob er je als Hamlet auf der Bühne gestanden hatte, mehrten sich. Sie ahnte, dass weder der große Zadek noch die Jelinek, kein Bernhard Minetti und kein Bruno Ganz je etwas von ihm erfahren hatten, vielleicht hatte Toni fünf Minuten neben ihnen gestanden, um als Diener das Glas Wasser zu reichen oder einen Brief abzugeben. Aber da war Toni schon ihr Liebhaber, sie hatte sich wie ein Teenager Hals über Kopf hineingestürzt in diese absurde Liebschaft und jetzt spielte Toni die Rolle des charmanten, interessanten Mannes an der Seite der Rechtsanwältin.

Und dieser Mensch hat also bei Trude Herr im Severinsviertel gespielt. Das war interessant, dachte Lena, diese Rolle nehme ich ihm ausnahmsweise ab.

"Wat ich Se fragen wollt", sagte die Stadträtin, die jetzt auch ihre sprachliche Herkunft vorsichtig durchscheinen ließ, "wat war et Trude eigentlich für eine Frau? Ich meine so als Partnerin auf der Bühne, un überhaup?"

Alle sahen Toni erwartungsvoll an. "Un überhaup" - das interessierte am meisten.

"Also et Trude ... Ja das war keine einfache Frau", begann Toni zögernd.

Lena dachte, jetzt muss er improvisieren, Trude Herr hat er noch nicht im Repertoire.

"Also wie gesagt, ich kenne dat Trude ja seit Kindertagen. Uns hat zuers nur so wat wie geschwisterliche Zuneigung verbunden."

Er ließ durchblicken, dass sich dieser Zustand wohl irgendwann geändert haben musste, war sich aber nicht sicher, ob er sich eine Affäre mit Trude anhängen wollte. "Wir haben im Sandkasten Theater jespielt un et Trude hat mich ... hat mich immer verhauen, wenn ich mal nit pariert hab."
Alle lachten verständnisvoll. Ja, die Volksschauspielerin war nie zimperlich gewesen in ihren Methoden. Und sie nahm kein Blatt vor den Mund, auch das war bekannt. Hatte sie nicht auch einen ziemlichen Verschleiß an Liebhabern?
"Se war ja furchbar frühreif. Un immer schon üppig ausgestattet. Ich war damals bestimmp nit der einzige, dem se ... na ja, näher gekommen is - ziemlich nah... ".
Toni überzeugte sich mit einem kurzen Blick in die Runde, dass seine Anspielung verstanden worden war. Mehr wollte er als Gentleman nicht verraten.
"Die Trude ist dann ja ziemlich bald zum Film", fügte er hinzu. "Aber da hat es mich nicht hingezogen. Ich wollte auf die Bühne. Das seichte Fahrwasser liegt mir nicht ..."
Das Publikum reagierte zum ersten Mal unzufrieden.
"Wat heiß hier seicht, junger Mann?", sagte der Bauunternehmer, der höchstens ein Jahre älter war als Toni, "Et Trude war eben kein Ophelia un auch kein Minna von Barnhelm. Dat lag dem nit ... Aber als Ulknudel war se unschlagbar. Da könnt sich heute noch so manche Comedy-Heini en Schiev vun avschnigge!"
Toni spürte, dass er auf Widerstand stoßen würde, wenn er Trude in gewohnter Art zu entthronen versuchte. Er hätte die ganze Welt des Showbusiness lächerlich machen dürfen, von Harald Schmidt bis Hella von Sinnen, "ävver nit uns Trude".
"Ja, die Trude war schon ein Goldstück ..." er versuchte, nachdenklich auszusehen. "Immer voller Einfälle, immer lustig, die geborene Komikerin! Trude, hab ich immer

gesagt, Trude, wenn dich das Fernsehen nicht mehr will - mach dein eigenes Theater auf."
"Ich hab aber gehört, dass Frau Herr große Schwierigkeiten hatte und oft sehr melancholisch gewesen sei. Lustig war sie wohl nur auf der Bühne. Ihr Privatleben war doch sehr schwierig?"
Die Gymnasiallehrerin, die das sagte, beugte sich erwartungsvoll vor.
Toni begann zu schwitzen. Ein knappes halbes Jahr hatte er - war es 1989 oder 1990? - in Trudes Theater im Severinsviertel mitgespielt, er hatte eine Rolle übernommen, die ihm ein Kollege förmlich aufgedrängt hatte, der selbst für mehrere Folgen der Fernsehreihe Lindenstraße auserkoren worden war. Toni konnte einspringen, weil er - rein zufällig - ohne Engagement war. Trude war ihm von Anfang an nicht geheuer gewesen, die absolute Theaterübermutter, laut, heftig, voll ungebremster Emotionen - aber war sie melancholisch? Er hatte ganz andere Erinnerungen.
"Trude hatte viel um die Ohren, schrieb die Stücke, führte Regie ... Sie war stark belastet ...", Toni zögerte.
"Und sie hing ihr Herz an einen Partner, der sie nur ausnutzte! Trude, han ich för et gesaht, wenn sie sich bei mir ausweinte, Trude, dä Bruno is nix für dich. Dä nimmt dich nur aus!"
"Aber doch nicht der Bruno Ganz??" Die Gymnasiallehrerin war entgeistert.
"Nee, irgendso ein hergelaufener Bursche, mit dem sie im Jeep durch die Wüste fuhr und der sich im Theater als Direktor aufspielte."
Toni erinnerte sich genau. Dieser Bruno hatte ihn von Anfang an nicht gemocht, er hielt ihn für untalentiert. Aber Toni hatte verzweifelt seinen Charme eingesetzt, denn Trude zahlte gute Gagen, sogar für die Probezeiten, woraufhin Bruno auf kürzere Probezeiten gedrängt hatte.

"Trude, mach deinem Burgschauspieler endlich Feuer unterm Arsch! Der stolziert herum wie ne Walküre auf Glatteis und kann nicht mal richtig kölsch", hatte Bruno bei einer Probe gesagt und alle hatten gelacht, vor allem wegen der Walküre.
Toni seufzte.
"Stimmt es, dass sich Trude Herr irgendwo im Bergischen Land verkrochen hat, weil ihr die Stadt Köln zuwider geworden war?"
"Ja, in Köln ist man übel mit ihr umgegangen." Toni seufzte. "Keine städtische Hilfe, nichts von offizieller Seite. Sie hat sich in ein Haus bei Much zurück gezogen."
Much – dieses versiffte Kaff mit dieser völlig durchgeknallten Frau war eine seiner unangenehmsten Erinnerungen. In Much war es gewesen, wo sich Trude in einem großen, ungemütlichen Haus die Schuhe von den Füßen gerissen hatte und sich mit einer Dose kalter Würstchen in den Sessel vor ihm warf. Und während sie die Würstchen in ein Glas mit Mayonnaise eintauchte, bevor sie hineinbiss, wurde ihm klar, dass er hier nicht zum Schmusen eingeladen worden war. "Jung, su geiht dat nit wigger!" hatte sie ihm verkündet und ein weiteres Würstchen in das Mayonnaiseglas getunkt. "Jung, du bis nit der große Schauspieler, der de sein wills – un do wees et och nie wääde."
Zu dieser Zeit hatte sie schon Klaus-Peter kennen gelernt, der einfach besser war. Vor allem kam der besser mit Bruno aus.
"Trude, was soll das? Wir haben einen Vertrag...? Ich bin Schauspieler!"
Seine Verteidigung klang lahm. Trude winkte nur unwirsch ab und biss ins dritte kalte Würstchen. Fette Mayonnaise aus den Mundwinkeln streichend, verkündete sie mit Trompetenstimme: "Soll ich dir mal wat sagen, liebe Jung? Do häs nie em Burgtheater gespillt un och nit em

Thalia en Hamburg. Du bist der Doktor Faustus der Provinz, un dat merk mer och: Do spills ene Karnevalspräsident als wör dat der Mephisto – un der Mephisto wööd bei dir bestemp zo enem Karnevalspräsident."
Sie holte genussvoll zum letzten Schlag aus: "Jung, do häs mich schwer beloge! Am Monatseng packs do dinge Koffer!"
Toni spürte den Schweiß unter seinem Hemdkragen. Es war schrecklich gewesen. Trude hatte im Team irgendwas erzählt, er würde "auf eigenen Wunsch" gehen und wie Leid et ihr täte ... Dann wurde er gegen Klaus-Peter ausgetauscht und Toni war nach Iserlohn gegangen, wo eine kleine aber unglaublich wichtige Nebenrolle auf ihn wartete.
"Ich habe die Freundschaft mit Trude leider nicht weiter pflegen können. Damals wurde ich mitten in der Spielzeit nach ..." er überlegte, ob er Iserlohn sagen sollte, "... nach Salzburg abberufen, dafür hatte Trude Verständnis. Sie hatte ja immer für alles Verständnis."
Lena überlegte. Offensichtlich hatte Trude Herr den Toni gefeuert. Freiwillig wäre der nie aus einem Engagement gegangen und Salzburg war Tonis beliebteste Ausrede. Dorthin ging er immer, wenn ihn die Provinz verschluckte.
"Hoffentlich fragt dich jetzt keiner, welches Engagement du denn da übernommen hast, dann wird's brenzlig für dich, lieber Toni", dachte sie. Schade, dass keiner fragt ... Aber interessant war das schon. Auch eine energiegeladene Theaterfrau wie Trude Herr war auf Toni hereingefallen. Doch die hatte sich schnell von ihm gelöst, während sie, Lena, die Intellektuelle, sich diesen Scharlatan hielt, nur weil er sich wie ein lästiger Virus in ihr wenig aufregendes Leben festgebissen hatte.
"Wie hieß dat Stück eigentlich, in dem Se damals bei der Trude Herr mitgespielt haben?" fragte der Bauunternehmer.

"Drei Glas Kölsch", murmelte Toni und der Bauunternehmer lachte: "Dat is ja wie en Bestellung! Die bring ich Ihnen sofort!"
Als Toni nachher reglos vor drei Glas Kölsch saß und die Zahnärztin sich auf die Armlehne seines Stuhles setzte und wie zufällig den Arm um ihn legte, wusste Lena, dass sie es Trude nachmachen würde. Dafür würde sie es sogar einmal mit der kölschen Aussprache versuchen.
"Jung, do häs mich schwer beloge. Am Ende vom Monat wirst du usgetuuscht!"
Sie hatte noch keine Ahnung gegen wen.
Aber sie freute sich schon auf die Schluss-Szene.

Fräulein Seidenstückers geheime Garde

Eigentlich war Fräulein Seidenstücker alles schuld, aber das hat die Gute nie erfahren. Fräulein Seidenstücker, das war unsere Lehrerin an der Volksschule Steinbergerstraße in Nippes, zuständig für Handarbeit und Heimatkunde in der dritten Klasse. Handarbeit hatte sie ziemlich lustlos von einer für immer erkrankten Vorgängerin übernommen, an Stricksocken und Haushaltsschürzen verschwendete sie ihre Leidenschaft nicht, dafür aber umso mehr an das Fach Heimatkunde.
Sie liebte das Fach. Wir erduldeten es.
Im Allgemeinen gaben wir ihr wenig Anlass zu der Hoffnung, irgend etwas vom Unterrichtsstoff bliebe für das spätere Leben in unseren Köpfen haften. Weder die gewaltigen Endmoränen, die die Eiszeit hinterlassen hatte noch die Entstehung des Rheintales oder der Eifeler Maare vermochten uns wirklich zu begeistern. Jeder Bagger, der draußen in den Straßen die Trümmer beseitigte, war spannender, jeder frei schwebende Eisenträger, der aus den Ruinen ragte, lockte uns mehr an als alte, tiefe Seen in der fernen Eifel.
Doch irgendwann marschierten in Fräulein Seidenstückers Unterricht die Römer ein und gründeten hier eine römische Kolonie. Und dann kam eine römische Frau und erhob uns zur Stadt. Wenn Fräulein Seidenstücker das sagte, sah ich immer, wie diese Agrippina Tempel und Thermen in die Höhe hob, damit jeder sie sehen konnte. "Colonia Claudia Ara Agrippinensum" mussten wir im Chor wiederholen, bis wir es auswendig konnten und Claudia Kappes, die schwarzhaarige Bäckerstochter neben mir, fühlte sich sofort als Römerin. Das trennte uns von Stund an, denn meine blonden dicken Zöpfe bewiesen,

dass meine Vorfahren Ubier waren. Die hatten sich zwar, wie ich fand, äußerst charakterschwach von dem Römern auf die linke Rheinseite locken lassen, aber seitdem auch wir ein Badezimmer in unserer kleinen Wohnung besaßen wusste ich, wie verlockend die Segnungen der Kultur sein können.

Die ganze Klasse spaltete sich in römisch oder ubierisch. Doch ganz gleich, welche Zugehörigkeit wir bevorzugten, endlich fühlten auch wir uns als Teil der Historie. Weil meine engsten Freundinnen, Marlene, Karin und Gisela, allesamt blond und groß waren, beschlossen wir, die Schmach der Eroberung rückgängig zu machen und später Rom zu besetzen. Fräulein Seidenstücker bekam glänzende Augen, wenn sie beschrieb, wie die Römer aus dem sumpfigen Rheinufer eine prächtige Stadt machten - Marlene, Karin, Gisela und ich hörten mit Skepsis zu. Als unterdrückte Ubierinnen betrachteten wir die Römer mit dem Misstrauen, das man in Afrika vermutlich Entwicklungshelfern entgegenbringt.

Jahrhunderte später verließen die Römer die Zivilisationsmetropole Köln und unter Fräulein Seidenstückers Anleitung wurden wir fränkisch. Das Mittelalter erlebten wir als stolze Patrizierinnen, verjagten den Erzbischof, schrieben Verbundbriefe und fühlten uns frei und mächtig. Dann wurden wir leider wieder besetzt, diesmal von den Franzosen. Es muss zu jener Zeit gewesen sein, als Fräulein Seidenstücker uns zum ersten Mal Geschichten von den Kölner Stadtsoldaten, den roten Funken, erzählte, die tapfer, auf kölsch-gemütliche Art, die Stadt beschützten und sich nie auf Kämpfe einließen, die nur unnützes Blutvergießen bedeutet hätten. Und wie menschlich sie gewesen seien, richtig nette Kääls, die in ihrer Freizeit immer Strümpfe gestrickt hätten, was nach Fräulein Seidenstückers Meinung nichts mit Armut oder Langeweile zu tun hatte, sondern auf eine edle pazifisti-

sche Gesinnung schließen ließ. Von strümpfestrickenden Stadtsoldaten hatte sie sogar alte kolorierte Zeichnungen, die sie im Handarbeitsunterricht ganz vorsichtig herumreichen ließ.
Allmählich erwog ich die Möglichkeit, ob am verhassten Strümpfestricken nicht doch etwas dran sein könne. Ich hätte zu gern einmal einen roten Funken gefragt, warum sie damals nicht Mühle oder Mau Mau gespielt hatten. Dennoch hatte Fräulein Seidenstückers Begeisterung Wirkung. Langsam vollzog sich in uns der Wandel von rauflustigen Ubierinnen in pazifistische Stadtverteidigerinnen.
Wir waren stolz auf die roten Funken.
Das wurde noch durch einen glücklichen Umstand gefördert: Giselas Vater war ein roter Funke, der uns immer wieder einbläute, dass nur die roten Funken richtige Funken seien. Alle andersfarbigen, egal ob blau, grün,

weiß oder kariert, seien nichts als schlechte Imitationen. Als Karneval näher rückte, stand für uns fest: Wir gehen als rote Funken. Strickzeug zu besorgen war kein Problem, allerdings haperte es mit der Uniform. Giselas Vater erwies sich diesbezüglich als wenig hilfreich. Er lachte bloß, als er davon hörte. "Rude Funke – dat müsse Männer sin! Ihr künnt späder Funkenmarieche wääde – ävver doför sid ehr noch zo jung".
Gisela zuckte nur mit den Achseln.
"Die Mariecher wääde vun denne Funke quer über die Bühne geschmesse", wusste sie. "Und dann wääde se vun enem Kääl huh jehovve un alle Lück jezeig." Diese Rolle lockte uns nicht. Wir wollten nicht über die Bühne geworfen werden. Wir wollten echte rote Funken werden, pazifistisch, treu und zuverlässig.
Also bastelten wir aus Kartons schwarze, spitz aufragende Hüte, auf die wir vorn weiße Pfeifen klebten, die vorher den Bauch eines Weckmannes geziert hatten.
Rote, selbstgestrickte Jacken, leicht als Uniformen einsetzbar, wünschten wir uns alle zu Weihnachten. Alle bekamen eine, nur ich nicht. Meine Mutter tanzte geschmacksmäßig mal wieder ziemlich aus der Reihe: Unter dem Weihnachtsbaum fand ich einen Pullover, der sämtliche Farben des Regenbogens vereinte. Mein Entsetzen war grenzenlos, ich heulte bis der Baum wakkelte und verkündete, dass ich solch einen scheußlichen Pullover nie und nimmer tragen würde, schon gar nicht als roter Funke. Mutter, die nicht gut stricken konnte, rückte daraufhin freiwillig ein angeblich rotes Jäckchen aus ihrem eigenen Besitz heraus, das sich allerdings bei näherem Hinsehen als leicht rosa entpuppte. Aber etwas roteres als dieses Jäckchen fand sich nicht und so wurde ich der erste rosa Funke von Köln. Wir besorgten uns weiße Spitzentaschentücher für die Halsrüschen, was keine Schwierigkeiten bereitete, denn so etwas bekamen

damals brave Mädchen zu jedem Namenstag. Wir entwendeten lange schwarze Strümpfe aus dem Bestand unserer Väter und zogen sie als Stiefelersatz bis hinauf zum Knie. Über den Bauch spannten wir Schärpen aus weißen Schals. Wir sahen großartig aus, was wir uns immer wieder versicherten.
Nur die Bewaffnung machte Probleme. Gisela bestand auf Gewehren, die wir zur Verteidigung der Stadt brauchten. Sie wollte nicht bloß mit Strickzeug bewaffnet sein. Das sah auch der Vater vom kleinen Ernst ein, der eine Schreinerei im Hinterhof besaß. Er schnitzte und klebte Stöcke so geschickt zusammen, dass die Franzosen Hals über Kopf getürmt wären, wenn wir ihnen mit dieser furchterregenden Ausrüstung entgegengetreten wären.

Die letzten Tage vor Karneval verbrachten wir damit, sämtliche Orden und Verdienstkreuze zu klauen, die wir aus geheimen Verstecken kannten. Die Zigarrenkiste, die mein Vater ganz unten in seinem Schrank aufbewahrte, war leider nicht sehr ergiebig, sie enthielt nur ein klitzekleines, sehr rostiges Verdienstkreuzchen, vermutlich fünften Ranges, dafür aber zwei gewaltig große Ehrennadeln, die eine vom Kleingärtnerverein "Hoffnung e.V." und die andere vom Kegelverein "Immer drop".

Hochdekoriert und schwer bewaffnet standen wir am Zugweg und jubelten, vor allem als die roten Funken kamen. Die haben vermutlich nicht einmal kapiert, dass wir von der selben Truppe waren, aber dann sah uns Giselas Vater und schüttete uns mit Kamellen zu und war ganz gerührt. Der Onkel von Gisela, ein besonders dicker roter Funke, schenkte uns allen ein Strüüßche, wobei er immer wieder etwas verdutzt auf unsere Orden guckte. Er hatte aber selbst so viele, dass er nicht neidisch zu sein brauchte.

Viele Jahre später stand ich auf einer Sommerparty nachmittags in einem großen Garten zwischen leichtgekleideten Menschen, als plötzlich ein roter, schwitzender Funke in voller Uniform hinzutrat. Ich starrte auf die Pfeife und den Hering, der vorne an seinem spitzen, schwarzen Hut prangte, aber nur weil ich vor Verlegenheit nicht wusste, wo ich sonst hingucken sollte. Es war mein Zahnarzt. Er erklärte den Anwesenden voller Stolz, dass er es geschafft hätte, roter Funke zu werden. Für einen ehrbaren Mann im Alter von 48 Jahren, Vater von zwei Kindern und Besitzer einer Yacht im Rheinauhafen, hatte sich ein Traum erfüllt. Und er erregte hier im Garten zwischen weißen Smokingjacken und bunten Sommerhüten zweifellos mehr Aufsehen als 1000 Funken beim Rosenmontagszug.
"Wir haben nachher e Funketreffen im Turm, da is volle Montur aangesaht! Ja, sagen se selbst, sollte ich mich dafür extra ömtrecke?"
Der Mann, der sprachlich hin- und hergerissen war zwischen deftig-kölscher Funkensprache und spitzmündiger Andeutung des Lindenthaler Regio-Dialektes, war mit seiner Erklärung sehr zufrieden.
Wir heuchelten auch volles Verständnis, obwohl dem einen oder anderen deutlich anzusehen war, dass er bei meinem Zahnarzt Verdacht auf schweren Sonnenstich hegte.
Aber ich wusste es besser: Der Ärmste war früher bestimmt auch in der Klasse von Fräulein Seidenstücker gewesen - und dieser Unterricht hatte ihn für alle Zeiten infiziert.

Der Wunderdoktor

Schon weil er Fleischhammer hieß, genau gesagt Dr. Schorsch Fleischhammer, und weil er eine Stimme besaß, tief wie ein Alphorn, und weil er kölsch sprach, so schön wie der Tünnes im Hänneschen-Theater, allein schon aus diesen drei überzeugenden Gründen war unser Hausarzt eine Kapazität. Mochten andere zum Facharzt nach Lindenthal fahren, wir blieben in Nippes und trugen unsere Grippe, unseren abgeschnittenen Zeigefinger oder unseren angeknacksten Fuß "zum Fleischhammer". Er schreckte auch vor Opas Prostata nicht zurück und behandelte nebenbei sein dickes Bein. Dr. Schorsch Fleischhammer war Fachmann für alles. Auch wenn er uns zum Röntgen immer an eine Praxis am Ebertplatz verwies, wo uns fremde, schweigende Menschen vor einen Bildschirm zwängten und uns dann mit einem braunen Umschlag zurück zu Schorsch Fleischhammer schickten. Erst wenn Schorsch die schwarzen Bilder gesehen und gedeutet hatte, glaubten wir an das Wunder des Röntgenapparates.
Der Ruhm von Dr. Schorsch Fleischhammer war kaum noch zu übertreffen, doch eines Tages schnellte er in solche Höhen, dass die ihm entgegen gebrachte Verehrung ins schier Unermessliche stieg. Wir hatten einen Wunderdoktor.
Und so hat es mir meine Oma erzählt und so erzählte man es noch lange in Nippes bis weit hinauf nach Weidenpesch: Da war eines Tages so ein Schirmfabrikant aus Thielenbruch bei unserem Doktor erschienen und hatte ihm seinen langen Leidensweg erzählt. Der Fabrikant hatte eine versteifte Hand. Ausgerechnet die rechte Hand war es, die urplötzlich eines Tages unbrauchbar wurde. Eines Sonntagmorgens, auf dem Weg von seiner Thielenbrucher Villa zu seiner Fabrik in Bergisch Gladbach,

bogen sich die Finger nach innen, wurden steif und sahen aus wie eine Vogelkralle. Hart und unbeweglich war die Hand, die sich Doktor Schorsch Fleischhammer jetzt nachdenklich anschaute.

Der Thielenbrucher Fabrikant hatte viele Gutachten mitgebracht, von Fachärzten aus Zürich, Mailand, aus Hamburg und aus München. Dass er damit zu Schorsch Fleischhammer kam, war merkwürdig genug, denn den Ärzten aus dem nahen Köln traute ein solcher Mann ohnehin nicht viel zu, einem Allgemeinmediziner aus Nippes bestimmt noch weniger. Aber er war am Ende einer langen Odyssee von Professor zu Professor, die meisten sprachen nicht einmal Deutsch, aber niemand konnte ihm helfen. Da machte ihn sein Freund Erich, Leiter der Betriebskrankenkasse im Nippeser Kabelwerk, auf den ungewöhnlichen Doktor aufmerksam.

"Do kanns et doch ens versöke", sagte Erich zu seinem verzweifelten Freund aus Thielenbruch. "Ich sag dir, dä Mann hät jet."

So brachte Erich von der Betriebskrankenkasse den Papierfabrikanten aus Thielenbruch nach Nippes in die etwas altmodische Praxis von unserem Doktor.

Da lag die steife Hand auf dem braunen Schreibtisch und unser Doktor schien zu überlegen. Er schaute nicht in die Gutachten, er schaute nicht auf den imposanten Papierhaufen, der bescheinigen sollte, dass diese Hand weltweit als unheilbar angesehen wurde. Doktor Schorsch Fleischhammer ergriff die Hand, drückte ein wenig hier und da und dann stellte er, ernsthaft und langsam, die schlichte Frage:

"Un jetz zeigen Se mer mal bitte: Wie wor dann die Hand vürher?"

Und da streckte der Papierfabrikant die Hand aus und sagte:

"Vürher wor die esu ..."

Und da lag da eine völlig gerade Hand mit ausgestreckten Fingern, auf die der Fabrikant ungläubig starrte, dann bog er die Finger vor und zurück, schüttelte sie, zog an ihnen, fühlte, wie sie weich und warm wurden, und da hüpfte er ausgelassen vor Schorschi Fleischhammer hin und her, umarmte ihn und zückte sein Scheckbuch.

Unserem Doktor war die Geschichte später eher unangenehm.
Er hat sie selbst auch nie erzählt. Aber wenn andere sie erzählten, hob er immer warnend den Zeigefinger und sagte mit einem Augenzwinkern:
"Maht üch bloß kein Hoffnung. Wunder wirke ich nur für Privatpatienten!"

Sex on the beach

Spreche ich noch die Sprache, die in diesem Land gesprochen wird? War ich gerade in Ferien, als sich die Worte und ihre Bedeutung geändert haben? Oder geschah der Wandel schleichend, über viele Jahre hinweg, und ich war immer im falschen Programm? Ich gucke ja auch immer die Fernsehsendungen, die sonst keiner sieht, während mir die Köpfe und Figuren, die selbst im Hänneschen-Theater schon parodiert werden, völlig unbekannt sind. Keiner hat mir Bescheid gesagt, dass wir nicht nur die Rechtschreibung, sondern gleich die ganze Sprache reformiert haben und jetzt weiß ich nicht, an welcher Stelle ich lachen muss.

Aber dass sich ausgerechnet meine Freundin Dagmar, die kinderlos und nur fünf Jahre jünger ist als ich, in dieser neuen Sprache auskennt, macht mich stutzig. Der Grad meiner sprachlichen Rückständigkeit muss ein fortgeschrittener sein.

Alles fing mit einer nächtlichen SMS an. Es war Sommer, es war sehr warm, ich saß auf dem Balkon und kurz vor Mitternacht piepste mein Handy und zeigte im Display Dagmars Frage: Wo finde ich um Mitternacht i. d. Stadt Sex on the Beach? Ratlos auf der Suche ding Fründin Dagmar.

Dagmar stammt aus Norddeutschland und dass sie sich gelegentlich mit dem kölschen Dialekt ziert, das kenne ich schon. Unbekannt war mir bislang ihre hemmungslose Sex-Sucht. Mitternächtlicher Sex am Strand, und das mitten in Kölle ... war Dagmar übergeschnappt oder wie oder was?

Jetzt nur nicht falsch reagieren. Ich überlegte. Dagmar hatte vor ein paar Monaten ihren Ehemann verlassen, endlich, wie wir alle aufseufzend feststellten. War das der Grund für ihren nächtlichen Hormon-Anfall? Die Befriedigung ihres Sexuallebens hatte Dagmar seit langem nicht mehr als Aufgabe ihres Mannes betrachtet - warum also jetzt die nächtliche Suche? Und warum musste es gerade am Strand sein? Außer dem Otto-Maigler-See und den Sandbuchten am Rodenkirchener Rheinufer fiel mir nichts Passendes ein. Vielleicht die Rheinterrassen? Aber sind da willige Partner zu finden, die so mir nichts dir nichts ...? Schwule sollen sich ja nächtens am Aachener Weiher treffen und dort irgendwie im Dunkeln auf den passenden Partner stoßen, ich glaube aber, dass meine Freundin Dagmar ihren Partner gerne vorher einmal bei Licht näher betrachtet hätte, sie ist in dieser Beziehung immer arg pingelig.

Oder wollte sie mich einfach nur veräppeln? Schickte sie mir diese SMS aus einer Bierlaune heraus, womöglich um mein Moralgefühl zu testen? Zuzutrauen wäre es ihr. Norddeutsche haben ja manchmal einen ganz merkwürdigen Humor.

Ich smste zurück: Empfehle Beach Otto-Maigler-See, da ist Platz. Beach Rodenkirchen schon voller Lustmolche. Ding Gerda - PS: Ruf an wenn ich dich retten muss. Das Postscriptum war bitterernst gemeint. Ich wäre notfalls bis zum Otto-Maigler-See gefahren, um meine verirrte Freundin aus den Klauen eines geilen Hürther Sexwüstlings zu befreien. Aber Dagmar rief nicht an. Auch am nächsten Tag hörte ich nichts von ihr.

Am übernächsten Tag saß ich frühabends in einer überfüllten Cocktailbar in der Zülpicherstraße, ein sehr jugendlicher Regisseur von einem sehr jungen Theater hatte mich dorthin eingeladen, wir wollten ein gemeinsames Projekt besprechen.

"Und bevor wir loslegen – erst mal Sex on the Beach" sagte er.

"Wwwwas?? On the wooo???" fragte ich entgeistert.

Er verwies milde lächelnd auf die schwarze Tafel am Eingang : Happy hour from 18:00 – 20:00 : SEX ON THE BEACH - only 4,50 Euro.
Auweia.
Na schön, alle wissen Bescheid und Omi ist doof.
Ich blieb ganz cool.
"Caipirinha is wohl ziemlich out, eh?" brummelte ich und ließ mich total lässig auf Sex on the Beach ein.
Übrigens, das Gesöff war eine Enttäuschung. Süß und langweilig, wie ich mir Sex mit dem fünfzehnjährigen Sohn des Leuchtturmwärters vorstelle. Schlimmer noch: Sex on the Beach war kein bisschen antörnend. Ich trank vorsorglich zwei, um mir der Wirkung doch noch bewusst zu werden, aber nicht einmal in Gedanken wälzte ich mich mit dem Regisseur im Sand. Wir wälzten nur unsere Gedanken.

Dagmar hat später gesagt, meine SMS hätte sie verwirrt und sie hätte lange darüber nachgedacht, wieso der Strand von Rodenkirchen voller Lustmolche sei. In der Gegend sei man doch sonst so distinguiert.
Ehrlich, sie hat "distinguiert" gesagt.
Ich lenkte ab: "Komm, vergiss es. Lass uns einen Sex on the Beach trinken."
Und was sagt Dagmar? Sie sagt: "Ach weißt du, der ist eigentlich zu fad. Wir nehmen lieber einen Mojito. Einen Mojito!" Das Gesöff hat schon Hemingway auf Castros Insel in sich hineingeschüttet, als es Castro noch gar nicht gab. Lest die alten Bücher und ihr landet in der Neuzeit.
"So was Altmodisches", knurrte ich verächtlich.
Und bestellte einen guten alten Cuba Libre.

Dagmars Mutter auf dem Christopher Street Day

Es soll irgendwann in diesem Jahr noch Wochenenden geben, in denen in Köln kein Fest gefeiert wird. Ich kann mir im Augenblick nicht recht vorstellen, wann das sein soll, aber meine Freundin Dagmar behauptet das. Nur an einem solchen Wochenende will sie nämlich einmal in Ruhe mit ihrer Mutter einen kleinen Bummel über den Altermarkt bis hin zum Heinzelmännchenbrunnen machen, vielleicht noch hinüber zum Opernhaus und eventuell sogar weiter bis zum Neumarkt. Die Mutter ist schon ziemlich alt und geht am Stock, aber "zo Foß durch Kölle jonn" ist ihr ein Vergnügen wie anderen der Mallorca-Urlaub. Doch Dagmar behauptet steif und fest, es gäbe keine volksfestfreien Wochenenden in Köln ohne Bierbuden und dem lärmigen Musik-Zelt von Radio Köln. Oder doch vielleicht im Oktober? Eher schon im November? Ne, das ist doch der Monat, in dem wir alle wie schlafwandelnde Lemminge in geöffnete Galerien einfallen ... oder sind es nächtliche Museen? ... oder nachtdunkle, überfüllte Theater? Ejal, irjendwie es immer jet loss und Dagmar möchte auf jeden Fall verhindern, dass ihre Mutter wieder auf die falsche Feier gerät. Das letzte Mal, als die beiden starteten, war gerade Christopher-Street-Day und das war nichts für die Mutter, sagt Dagmar. Es sei ein Glück gewesen, dass die Mutter auch nicht mehr gut sehen konnte, sonst hätte sie bestimmt der Schlag getroffen angesichts der vielen kaum verhüllten Männerpopos. Ich weiß nicht, ob Dagmar da irrt, aber ich will ihr auch nicht den guten Glauben an die unschuldige Denkart ihrer Mutter rauben. Jedenfalls sind die beiden damals im Gewühl am Heumarkt stecken geblieben und so kam die Mutter in den Genuss einer

Rede vom grünen Joschka Fischer, der als Außenminister bis nach Köln geflogen war, um die johlenden Schwulen und Lesben zu begrüßen. Feierlich erklärte Joschka, wie gerne er gekommen sei und dass er sich künftig noch stärker als bisher für die Rechte der Homosexuellen stark machen würde. Es blieb unklar, wie er das auf seinen vielen Weltreisen machen wollte, weder Ariel Sharon noch George Dabbelju Bush würden dieses Thema anschneiden, aber es war Wahlkampfzeit und die Mutter verstand ohnehin nur wenig, war aber begeistert, weil um sie herum so viele nette Männer standen, von denen sie langsam und behutsam nach vorne geschoben wurde, damit sie auch alles mit bekäme. So viel Freundlichkeit, entgegen gebracht von jungen, starken und auffallend schönen Männern, war ihr schon lange nicht mehr zuteil geworden, weshalb sie den Arm ihrer entsetzten Tochter gern verließ und sich der Obhut einiger leicht bekleideter Herren anvertraute. Dagmar, völlig entgeistert ob der Leichtfertigkeit ihrer bis dahin äußerst braven Mutter, sah ihr nach, wie sie kichernd und zwitschernd in der Menschenmenge verschwand und versuchte verzweifelt, sich ebenfalls nach vorne zu schieben. "Nä, wat seid Ihr för nette Kääls", hörte sie ihre Mutter weit vorne ein ums andere Mal ausrufen und die netten Kääls hatten ihre Freude an so viel mütterlicher Zuneigung. Immer wenn Dagmar in der Menschenmenge stecken blieb und keuchend zur Bühne wies: "Da vorne steht meine Mutter!" führte das zu allgemeiner Heiterkeit, eine heftig bewimperte Tunte dreht sich um und rief mit ausgestreckten Armen: "Wer rüft nach mir?"
Dagmar hätte im Boden versinken mögen, aber der Boden weigerte sich.

Am Schluss von Joschkas Rede stand Dagmars Mutter in der ersten Reihe, gestützt von zwei bärenstarken Männern im schwarzen Lederdress, die sie hoch hielten und Joschka schüttelte ihr freundlich lächelnd die Hand. Alle diese Männer hätten gern eine solch nette Mutti gehabt, vielleicht sogar auch Joschka. Dann fragten sie, wo denn ihr Sohn sei und Dagmars Mutter deutete irgendwo nach hinten, wo sie Dagmar vermutete, die sich tatsächlich schwer atmend bis zu ihr durchgeschlagen hatte. Darauf klopften die netten Männer im schwarzen Lederdress auch Dagmar kräftig die Schulter und luden sie ins Timp ein. Sie könne auch gern ihre Freundin mitbringen, versicherten sie augenzwinkernd. Und die Mutter natürlich sowieso.

Dagmar lehnte ab. Die Mutter war damit überhaupt nicht einverstanden, sie wäre gern ins Timp mitgekommen, ließ sich dann aber von einem Ledermann zu einem Bierstand geleiten, auf dem ein tätowierter Uli mit Kusshand und heftig zwinkernd ein Gratis-Bier für Mutter herüberreichte. Dagmar trank Wasser und musste selber zahlen. Danach gelang es ihr mit einem Trick, die Mutter nach Hause zu bringen, indem sie ihr versicherte, die netten jungen Männer müssten gleich allesamt ins Hochamt zum Dom, wo der Kardinal schon warte. Das beeindruckte Dagmars Mutter, die seit den Zeiten von Kardinal Frings nicht mehr im Dom gewesen war, sehr. Sie selbst fühlte sich – leider, leider – nicht kräftig genug, um eine solch lange Zeremonie noch durchzustehen. Die jungen Männer versprachen ihr augenzwinkernd, den Kardinal von ihr zu grüßen, und einer küsste ihr die Hand und dann brauste Dagmar mit ihrer Mutter auf dem schnellsten Weg nach Hause.
Uff, geschafft, entronnen...

Am nächsten Tag prangte ein großes Foto auf der ersten Seite im Express, das Dagmars Mutter hat einrahmen lassen: Eine lachende alte Dame wird von einem bärenstarken Schwulen zu Außenminister Joschka Fischer hochgehoben, der ihr die Hand reicht. Unterschrift des Express: Mutter ist immer dabei – auch beim CSD! Und alle drei gut zu erkennen: Dagmars Mutter, Joschka Fischer und der schwule Ledermann.

Jo mer sin kölsche Mädcher ...

Schön ist es, Freunde und Freundinnen in fremden Städten zu haben, die man besuchen kann, um sich dort fachkundig in die verrufensten Viertel oder die interessantesten Schuhboutiquen schleppen zu lassen. Ohne diese Freunde hätte ich München, Hamburg oder Bremen niemals richtig kennen gelernt. Und in Bremen war es denn auch, dass wir Freundin Helga zu einem Gegenbesuch nach Köln einluden, weil Karneval vor der Tür stand. Freundin Helga, Soziologin und Historikerin, war mittelmäßig begeistert - doch nicht gänzlich abgeneigt - gegenüber einer Erfahrung, die sie als exotische Erweiterung ihres ohnehin schon beträchtlichen Wissens einordnete. Der rheinische Frohsinn als Imperativ des äußeren Handelns in einer gemeinsamen Bezogenheit auf die Mitte der Gelassenheit ... Ich ahnte, wie sich in Helgas Kopf schon ein neues Seminar-Thema abzeichnete. Weiberfastnacht stand Helga am Bahnhof, den Koffer fest in der Hand und den Blick voller Misstrauen. Sie hatte ihr Abteil seit der letzten Station mit einem Haufen wilder Hexenweiber teilen müssen, die sich einübten in "kölnischem Singen", wie Helga das nannte, und es war dabei wohl häufig von Spetzebötzcher die Rede. Helga ahnte sexistische Anspielungen, über die sie gerne mit uns diskutiert hätte, doch ich verschob die Übersetzung auf später und drängte sie aus dem Bahnhof. Denn bevor wir uns ins Gewühl werfen wollten, musste sie erst einmal karnevalistisch aufgeputzt werden. Unterwegs kamen uns ausgelassene und offensichtlich nicht mehr ganz nüchterne Horden von Frauen entgegen, Möhnen, Hexen, Teufel, Vamps und Clowns, wir fuhren an ihnen vorbei und hofften inständig, dass der Anblick bei Helga einen guten Eindruck hinterlassen möge.

Eine Stunde später starteten auch wir. Helga hatte sich zu meiner Verblüffung in eine Art Negerkopp verwandelt, schwarzes Gesicht unter schwarzer Kringelhaarperücke. "S-teht mir das ??" fragte sie und wir bejahten voll tiefer Bewunderung. "Wenn die mich in Bremen sooo sehen könnten!" Ich wollte lieber nicht darüber nachdenken, was die in Bremen gesagt hätten zu Helgas dunklem Auftritt im Kölner Karnvalstreiben.

Auf der Tribüne am Altermarkt standen wir ganz oben, eingekeilt in einer Menschenmasse, die sich so benahm, als hätte sie den Auftrag, die Tribünen zum Einsturz zu bringen. Wir hielten uns fest an Lappenclowns und feinen Madämcher, Helga immer fest zwischen uns und ihren leicht verstörten Blick meidend. Nein, man konnte in diesen Momenten wirklich nicht sagen, dass Helga zu einer ersten karnevalistischen Bewusstseinsstufe gefunden hätte.

Dennoch, als die Bläck Fööss "Oh leeve Jodd, jevv uns Wasser" anstimmten , erklang auch aus Helgas Kehle ein begeistertes "Das Wasser von Köllen ist guuuut!!!" Und dabei rang sie die Hände, flehend wie alle anderen, dem leeven Jodd und den Bläck Fööss zu Gefallen.

Helga war nicht mehr ganz nüchtern, als wir die Tribüne verließen. Ein netter Nachbar hatte sie aus seiner Sektflasche mittrinken lassen - nur aus Höflichkeit hatte sie zugelangt. Und wenn sie auch aus Prinzip noch einmal wiederholte, dass Karneval als organisiertes Treiben nur eine andere Form von Volksverdummung sei - zudem ließe sich ohne Alkohol "auch sehr nett" feiern - so verachtete sie doch keineswegs die vielen Gläser Kölsch, die wir in den Kneipen ergatterten. Helga gab sich solidarisch und entschlossen.

Und dann tauchte das Hamburger Ehepaar auf. Er im dunklen Anzug, sie im Schneiderkostüm. Beide mit Kon-

fetti im Haar, das mussten sie unterwegs irgendwo abgekriegt haben, auf der Suche nach einem ruhigen Plätzchen. Mit der unverkennbaren Sprache der Küste drang der Hauch des Nordens zu unserer Gruppe herüber. In Helgas Augen blitzte die Erkenntnis: Landsleute !!
Und dann sagte die Frau zu dem Mann: "Ich kann das gaaanich ver-s-tehen. Fastnacht ist doch erst am Sonntag ...?"
Helga erkannte, dass hier Erklärungsbedarf vorlag, der nur durch eine Person des Vertrauens befriedigt werden konnte. Sie beugte sich zu den beiden hinab und verkündete in ihrem wunderschönsten Küstendeutsch:
"Da brauchen Sie gaaarnich zu s-taunen. Wir Wievver s-tarten schon etwas früher - weil wir sind nämlich gaaanz jeck auf Kölner Karneval!"
Sie strahlt zu uns herüber und ergänzte ihren völkerverbindenen Vortrag:
"Übrigens: Es heißt Karnveval - nicht Fastnacht! Helau!!"
Und entschwebte tänzelnd.

Jute Luft jratis

Die Eifel muss man mögen. Kleine Kinder auch. Und irgendwie sollte man auch die dazugehörigen Eltern ein wenig ins Herz geschlossen haben, zumindest wenn man mit ihnen und ihrer Brut in die Eifel fährt.

Also ich persönlich tue mich mit der Eifel schwer. Zu stark wirken in mir noch die wochenlangen Radtouren nach, die ich in den Zeiten meiner frühen Jugend durch die Eifel unternehmen musste. Es hat, soweit ich mich erinnere, immer geregnet. Es hat geregnet, wenn wir morgens früh die kalte Jugendherberge verließen, um uns erneut auf den nassen Sattel zu schwingen, es hat geregnet, wenn wir die letzten Butterbrote auspackten und es hat in die Erbsensuppe geregnet, die wir auf irgendeinem mickrigen Feuer auf einem mickrigen Kocher unter einem tropfenden Baum zusammenrührten. Die Suppe bestand hauptsächlich aus Regenwasser und einer grauen, festen, rundgeformten Masse, genannt Erbswurst, die ich stundenlang einrührte, bis das Ganze eine zähe Masse wurde.
"Essen ist fertig", schrie mein Vater stolz, und wir hielten ihm unsere Blechteller hin, damit er uns die zähe Masse zuteilen konnte. Mit glänzenden Augen behauptete er dann immer, die Erbswurst sei die wunderbarste Erfindung seit dem Reißverschluss und nur dank der Erbswurst hätten sie den Krieg damals überstanden. Der Reißverschluss war wohl weniger kriegsentscheidend.

Zu den Zeiten, als ich mit meiner Familie durch die Eifel fahren musste, war der Krieg längst vorbei, es gab auch schon Gasthöfe und Busse zwischen den Dörfern, aber für Vater stand fest, dass nur verweichlichte Naturen so etwas brauchten. Habe ich schon erwähnt, dass mein Vater aus dem Sauerland stammte? Da schätzen sie die

Natur wohl über alles, vermutlich weil sie die Stadt nicht kennen.
"Die Eifel", sagte mein Vater mit sauerländischem Pathos. "Die Eifel ist Natur pur. Als Stadtkind vermisst du das natürlich."
Diese Behauptung erstaunte mich jedes mal aufs Neue. Dann zeigte mein Vater mit weiter Geste auf die rauhen Hügel, als ob es seine wären, und erklärte: "Hier erst wirst du Mensch!"
Er riss die Arme hoch und atmete tief ein und auch wir rissen die Arme hoch und sogen reichlich Luft in unsere ohnehin schon unterkühlten Lungen, damit wir richtige Menschen würden.
"Dat es alles ömesöns", fügte meine Mutter frohen Herzens hinzu, "jute Luft jib et hier jratis!"
Von allem was gratis war nahmen wir reichlich.
Warme Gasthöfe und bequeme Busse waren leider nicht gratis.
Das alles muss ich vorausschicken, damit Sie nachvollziehen können, warum ich bei dem Wort Eifel keinerlei Zeichen von Begeisterung zeigen kann.
Aber als Katrin und Werner eines Tages bei uns auftauchten und verkündeten, sie hätten ein entzückendes kleines Häuschen in der Eifel gekauft, ganz einsam gelegen, ganz romantisch, direkt an einem Bach mit reizenden kleinen Zimmern, ganz schnuckelig und mit viel Platz für die Kinder, draußen vor dem Häuschen am Bach, da ahnte ich, dass ein Besuch nicht zu vermeiden war.
"Jrad jetz im Herbst is es da so schön" sagte Katrin mit leuchtenden Augen: "Dat bunte Laub, der weiße Nebel, un dä Wind pfeift durch die Fenster ..."
Es klang, als ob sie ein Herbstgedicht aufsagen wollte. Vorsichtig stellte ich die Frage, ob Erbswurst immer noch das Eifler Nationalgericht sei. Das wurde nachsichtig lächelnd verneint.

"Wir haben eine Küche mit einem richtigen Kaminfeuer, da kanns de braten un backe – un et schmeck alles dreimol esu jod!"

Ich ahnte, dass es auch dreimal so lange dauern würde, zumindest falls man mich zum Feuermachen heranziehen würde, sagte aber nichts.

Doch et kütt wie et kütt: Alle inneren Widerstände ignorierend versprach ich, eine Woche lang das Eifelglück mit ihnen zu teilen. Wir verabredeten uns für nächsten Sonntag.

Katrin und Werner waren pünktlich. Um 7.00 Uhr standen sie gut gelaunt vor der Tür. Warum man immer kurz nach Mitternacht aufbrechen muss, wenn man in die Eifel fährt, hatte mir schon mein Vater nicht erklären können, die beiden fragte ich erst gar nicht. Selbst ihre Zwillinge, Josch und Jens, waren hellwach und blieben das auch, bis wir in der Eifel ankamen.

"Do hingen es et", schrie Werner plötzlich aufgeregt und deutete in ein Stück Landschaft, das genau so aussah wie eine halbe Stunde zuvor. Ich erkannte eine Hütte unter einem Baum.

"Warte mal!" schrie Katrin und griff Werner ins Steuer. "Fahr ens do hingen dä Wäg erop".

Brav steuerte Werner einen holprigen Hügel hoch und auf halber Höhe mussten wir alle aussteigen. Der Wind pfiff tatsächlich mächtig.

"Von hier aus is der Blick am schönsten", sagte Katrin. "Kuck doch emal, kuck emal!"

Und dabei fuchtelte sie mit der Hand vor meinen Augen, damit ich in die richtige Richtung guckte. Da stand ein sehr kleines Haus an einem sehr kleinen Bach mit einem sehr kleinen Tor und einem sehr kleinen Kamin, der leider nicht rauchte.

Ringsum leere Hügel und eine Menge Nebel.

Ich versuchte, einen Hauch von Begeisterung in mein Gesicht zu zwängen.
Ob man in einem solch kleinen Haus aufrecht gehen konnte? Wie groß war früher der Durchschnitts-Eifler? Einmeterfünfzig oder einsfünfundfünfzig? Jedenfalls habe ich solch kleine Hütten bisher nur in Holland gesehen und da waren es immer verkleinerte Nachbildungen von großen Städten, im Verhältnis eins zu was-weiß-ich, Häuser zum Begucken, nicht zum Bewohnen. Aber Katrin und Werner schienen es ernst zu meinen. Dort in diesem Zwergenhaus würden wir wohnen.
Werner zückte mit großer Geste einen riesigen Schlüssel und einen Moment lang flammte in mir die Hoffnung auf, da wäre noch ein anderes, größeres Haus. Aber der riesige Schlüssel passte exakt in das Schloss an der winzigen Tür und geduckten Hauptes traten wir ein.
Feucht-kühle Luft schlug uns entgegen. Grabesstimmung, dachte ich, modrig wie in einer Gruft.
"Dat is der Bach", erklärte Werner fachmännisch. "Im Sommer kühlt der wunderbar ..."
Katrin begann alle Fenster aufzureißen, um frische Eifler Luft ins Haus kommen zu lassen. Dann verteilte sie rot-weiß-karierte Bettwäsche, die sie einer kleinen Holztruhe entnahm, in der es mindestens so feucht gewesen war wie bei uns zu Hause im Keller nach wochenlangem Hochwasser. Dann jagte sie uns die kleine Treppe hinauf in unsere kleinen Zimmer. Die Zwillinge stapften voran, etwas weniger frisch als zuvor und verschwanden murrend hinter der Tür neben meiner Kammer. Bettenbeziehen schien nicht zu ihren Lieblingsbeschäftigungen zu gehören. Zu meinen auch nicht, aber ich ließ es mir nicht anmerken.
Irgendwie schaffte ich es, das klamme Zeug über die klammen Matratzen zu ziehen, irgendwie zwackte und

puffte ich das halbfeuchte Federzeug in die rotweißen Bezüge, da tobten die Zwillinge zu mir herein und erklärten, dass das Bettzeug nicht auf ihre Betten passe. Den Eindruck hatte ich die ganze Zeit auch gehabt, jetzt ärgerte ich mich, dass mein Bett so fertig gemacht erschien.

"Siehs de, du kanns dat", stellten die Zwillinge befriedigt fest und wollten verschwinden.

"Halt, hier geblieben", schrie ich hinter ihnen her. "Lasst euch dat mal von eurer Mutter erklären. Die kennt sich da besser aus!"

"Das geht nicht", erklärten mir beide unisono und in erstaunlichem Hochdeutsch. "Mutter ist am Holz am Hacken!"

"Wieso macht das nicht euer Vater??"

"Der ist die Wasserleitung am Reparieren. Irgendwat is undicht."

Seufzend begab ich mich nach nebenan und kämpfte erneut mit feuchtem Bettzeug. Von unten drang das jauchzende Schreien der Zwillinge zu mir hoch, die offenbar auf dem Hof ländliche Spiele spielten.

Als ich herunterkam, hatten sie ein Huhn gefangen, das sie an den Beinen hielten und auf- und niederschwangen. Das Huhn hatte schon einige Federn verloren, was mich bedenklich stimmte. Ich bat darum das Huhn loszulassen, aber die Zwillinge waren schon ländlich verroht und lachten nur. Ich lief zu Katrin, die tatsächlich das Holzbeil schwang und gerade krachend einen Buchenscheit entzweite.

"Toll, wat !!?" strahlte sie. "Dat is alles Holz vom Bauer! Alles gratis!"

Ich fand das auch toll, und dann verwies ich auf das grausame Geschehen vor dem Haus, bei dem vermutlich ein Huhn sein Leben lassen müsse. Katrin sah mich an, als ob ich bescheuert sei, ließ dann aber das Beil sinken und eilte vors Haus. Die Zwillinge hatten mittlerweile das völlig verwirrte Huhn in einen Korb gepackt und versprachen artig, es dem Bauern zurückzubringen, der das Holz immer gratis lieferte. Hühner fielen wohl nicht unter die Naturalien, die er gratis zur Verfügung stellte.

Werner lief den ganzen Tag in einem Blaumann herum, fuchtelte mit Zangen und Rohrschlüsseln und lebte das Leben des Eifel-Mannes: Er reparierte. Das Wasser lief nur in kleinen Rinnsalen aus der Leitung und nachdem er fünf Stunden repariert hatte, lief es gar nicht mehr. Dann kam der Bauer und reparierte alles – gratis – in einer halben Stunde. Beim Weggehen konnte er sich den schelmischen Hinweis nicht verkneifen, dass wir ja den Bach hätten und solange der nicht zugefroren sei, könnten wir uns dort baden. Ich ahnte, dass Katrin und Werner so etwas ohne weiteres tun würden, zumal der Bach das Wasser gratis spendete. Die Zwillinge liefen sofort los und eine Viertelstunde später versuchten wir die beiden wild brüllenden Ungeheuer aus dem sprudelnden Gewässer zu ziehen. Wir rutschten auf den glitschigen Steinen aus und waren zur ungeheuren Freude der Zwillinge in kürzester Zeit genau so nass wie sie.
"So, jetzt aber ab in die warme Stube!" tönte Werner und meinte damit offensichtlich unsere durchkühlte Behausung. Wir eilten zurück in die feuchte Gruft und hockten uns eng auf einer Bank zusammen. Katrin brachte selbstgehacktes Holz ins Haus, ich knüllte Zeitungsreste, legte dünne Äste darüber und versuchte, ein Feuer zu entzünden. Dicker Qualm schlug uns entgegen. Wir husteten und Werner erklärte immerzu, dass der Kamin noch zu kalt sei. Ich behauptete kühn, er sei offensichtlich auch verstopft, woraufhin Werner mir die Streichholzschachtel abnahm und selbst Zündhölzer ans Papier hielt. Das Papier brannte sofort lichterloh, einen Moment schien es, als ob der

Kamin ein Einsehen habe, dann sackte alles wieder zusammen, nur ein schwacher, blubbernder Qualmstoß fauchte uns entgegen.
"Mir es et zo kald", jammerten die Zwillinge.
"Dat jitt et doch jar nit!" schimpfte Werner.
"Maht ens de Finstere op!" ordnete Katrin an, die sich wieder nach Eifelluft sehnte.
"Gibt es hier keinen Heiz-Ofen?" fragte ich vorsichtig.
Werner, Katrin und die Zwillinge schauten mich sehr seltsam an.
"Au ja, e Heizövvche, e Heizövvche wie bei der Oma!" schrien die Zwillinge, die scheinbar immer unisono sprachen.
"Aber wozu denn?" fragte Katrin. "Wir haben doch den Kamin."
"Hol mal die Filzpantoffeln!" fauchte Werner und Katrin verschwand, als ob sie den Zusammenhang zwischen Filzpantoffeln und Heizofen verstanden habe. Kurz darauf erschien sie mit einer Auswahl karierter, breit ausgelatschter Pantoffeln, wie sie mein Großvater trug. Der ist aber schon 25 Jahre tot. Ich wusste nicht, dass er den beiden seine Filzpantoffelsammlung hinterlassen hatte. Wir zogen die Dinger über unsere kalten Füße und Werner strahlte.
"Da is et doch jleich wärmer!"
"Also es gibt hier keinen Heizofen?" bohrte ich nach.
"Doch, aber der ist kaputt. Werner wollte ihn reparieren ..."
Katrin hatte das nur halblaut gesagt. Wir alle schauten auf Werner.
"Om Land es nit alles esu einfach wie en der Stadt", brummte der unwillig. "Do bruch alles sing Zigg!"
"Aufm Land gibt es seit vielen Jahren Strom ... un Tiefkühltruhen un Erdgasheizungen sogar für die Kühe im Stall, un elektrische Melkmaschinen, un Telefon ...",

erschöpft hielt ich mit meiner Aufzählung ländlicher Luxusgüter inne. Mir fiel ein, dass ich mein Handy vergessen hatte, meinen letzten Rettungsanker zur Rückkehr in die Zivilisation.
Ich holte stumm meine Irland-Jacke aus Schafswolle aus dem Koffer, für die es in Köln immer zu warm war. Werner und Katrin verpackten die Zwillinge, als ob sie ins ewige Eis verschickt würden, wir schauten in den toten Kamin. Schweigen breitete sich aus. Ich dachte an warme Würstchen mit Kartoffelsalat, dazu einen heißen Grog, vermied es aber, davon zu sprechen. Irgendwann beschloss der Kamin, uns doch noch ein paar zögernd züngelnde Flammen zu bescheren, aber da waren wir schon furchtbar müde und Katrin murmelte etwas von der Landluft, die daran schuld sei.
Wir aßen alle einen Apfel, weil es jetzt nicht mehr zu kochen lohne, wie Katrin meinte. Morgen wolle sie Brot backen, draußen im Backhaus, das wäre das tollste Brot, das ich je gegessen hätte, und dann fielen wir in unsere kleine Bettchen, ungeachtet der feuchten Tücher, die uns umgaben.
Irgendwann gegen Mitternacht kamen die Zwillinge zu mir herein und fragten, ob ich auch Hunger habe. Ich verneinte tapfer. Sie zupften hungrig an meinem Bettuch, weil sie mir nicht glaubten. Da versprach ich, morgen mit ihnen nach Monschau zu fahren, wo es wunderbar beheizte Cafés mit Kuchen und Kakao gäbe und Restaurants mit warmen Stuben und mit dicken Schnitzeln und Pommes und Spielautomaten, und irgendwo gäbe es da auch einen Bach, aber von dem wollten die Zwillinge nichts wissen.

Und während Werner am nächsten Morgen im Keller das Heizöfchen zu reparieren versuchte und Katrin beim Bauern Milch holte – vermutlich gratis – schrieb ich einen

Zettel und eilte mit den Zwillingen an der Hand klammheimlich zur Busstation, wo wir einstiegen und nach Monschau fuhren. Nicht gratis, aber sehr vergnügt, weil es schön warm im Bus war. Wir frühstückten fürstlich in einem warmen Café, zusammen mit einer belgischen Wanderergruppe, die uns an ihrem Schnaps süffeln ließ, weil es draußen so kalt sei. Dabei rieben sich alle wie zur Bekräftigung die Hände, schüttelten sich und gossen sich nochmal nach. Die Zwillinge aßen jeder drei ungesunde Schoko-Croissants, tranken etwa fünf Liter süßen Kakao und wurden dafür mit Plätzchen belohnt von der dicken Wirtin, die Spaß an verfressenen Kindern hatte. Dann schauten wir uns Monschauer Häuser an, alte, neue, rote, weiße, hässliche und schöne - aber der Clou war eine moderne Musterküchenausstellung. Die bestaunten wir, als ob es die Weltraumstation eines fremden Volkes aus dem fernen All sei.
"Wie wir hier sehen", sagte ich zu den Kindern. "Gibt es auch auf dem Land moderne Elektrogeräte. Man backt nicht mehr draußen im Backhaus und frieren muss man auch nicht."
Die Verkäuferin sah uns misstrauisch an und fragte mich, welche Küche ich denn gerne hätte.
"Am liebsten eine mit fließend Wasser und Heizung", sagte ich.
"Und Mikrowelle!" schrien die Zwillinge.
"Aber das ist doch Standard." meinte die Verkäuferin verwirrt.
"Is et eben nich", behauptete ich. "Jedenfalls nicht auf dem Lande."
Und bevor die Verkäuferin noch etwas sagen konnte, zerrte ich die Zwillinge hinaus auf die Straße.
"... und ne Fritöse für Pommes!" schrien die Zwillinge, woraufhin ich mit ihnen auf eine Pommes-Bude zusteuerte, in der wir wieder auf die belgischen Wanderer stie-

ßen. Die wanderten offensichtlich sehr langsam, was ich sehr sympathisch fand. Als ich ihnen das sagte, bekam ich noch mal eine Portion leckeren Schnaps. Die Zwillinge wollten Cola.

Der Nachmittag verging auf angenehme Weise. Das Landleben erschien mir mittlerweile recht behaglich und als wir wieder in den Bus stiegen, war ich versöhnt mit der Eifel. Ich hatte kaum gefroren.

Werner und Katrin verloren kein Wort über unseren Ausflug. Sie hatten auch nichts dagegen, dass ich am nächsten Morgen meinen Koffer packte. Die Zwillinge taten mir Leid, aber ich musste sie dem rauhen Landleben überlassen. Zu viele Pommes und zu viele warme Gaststätten sind nicht gut für Kinder, die später mal eine Eifel-Hütte ohne Heizung erben.

Ich saß im warmen Bus nach Euskirchen. Gottseidank. Von dort aus wäre ich notfalls auch mit dem Taxi zurück nach Köln gefahren.

Sommernachtstraum

Es gibt sie. Selten genug, aber es gibt sie, diese frühherbstlich dunklen, spätsommerlich warmen Abende, an denen ganz Köln noch einmal hinausdrängt auf die Straßen, in die Biergärten und an die Stehtische vor der Kneipe. Vielleicht ist dies der letzte Abend in diesem Jahr, bestimmt aber der vorletzte, an dem das kühle Kölsch im Freien abends um halb neun kein Frösteln verursacht. Alle wissen um die Kürze solcher Wetter-Geschenke, und deshalb müssen alle noch einmal raus, mit leichtem Pullover über die Schulter gehängt und Sandalen ohne Socken ... Gott sei Dank, noch ist Sommer.

Es war an einem solchen Abend, als zwei Lichtgestalten über die Schildergasse Richtung Neumarkt spazierten. Ach, was heißt spazieren – sie schwebten, sie wandelten mit einer in Köln selten zu sehenden Eleganz, wobei sie ihre scheinbar endlos langen Beine mittels aufregend langsamer Hüftenschwünge in atemberaubende Vorwärtsbewegungen versetzten. Das blonde Haar flatterte wie vom Fön getrieben kunstvoll hinterher. Beide umhüllte ein zartes Etwas aus geblümter Seide, das als "Sommerkleid" zu bezeichnen plump und unzutreffend wäre; solche untragbaren Kreationen bewundert man im Fernsehen auf den Laufstegen der großen Modedesigner und nicht in der Abteilung "Sommerkleider" im Karstadt. Ich musste ganz plötzlich an Hamburg denken. Da habe ich mir an der teuersten Ecke am Jungfernstieg die Nase vor einer Auslage plattgedrückt, die aus einem einzigen Kleid bestand, das kunstvoll in eine etwa 300 Quadratmeter große Verkaufshalle auf einen schlichten Kleiderbügel gehängt worden war. Ich glaube, dieses Nichts stammte aus der Werkstatt von Jil Sander und ich weiß, ich fand es eigentlich potthässlich. Es erinnerte mich auf bedenkliche

Weise an die billigen Kittel aus geblümtem Kattun, die Hausfrauen früher beim Putzen trugen, es hatte einen völlig krumm geschnittenen Saum, war aus 100 Prozent Rohseide und kostete 9500 Euro.
Da überlegte ich, ob ich es nicht doch schön fand.
Jetzt, beim Anblick dieser beiden Frauen wurde mir zweierlei klar:
1. Nur wenn ich so etwas trage, wird aus solchen Kreationen ein Putzkleid - und
2. den dazu gehörigen Gang bekomme ich im Leben nicht hin.
Die Schildergasse erstarrte. Es erstarrten vor allem die männlichen Spaziergänger, die mit aufgerissenen Augen in schlabbrigen Shorts und braunen Socken den unfassbaren Lichtgestalten hinterher blickten. Alle Frauen wurden sich schlagartig der Banalität ihrer breitkarierten Dreiviertelhosen aus dem Schlussverkauf bewusst, überspielten das aber mit einem leichten Ruck am Arm des dazugehörigen Shortsträgers: "Wat es, wat luurs de ...?"

Man muss das vielleicht mal erklären: Gestalten von kostspieliger Eleganz mögen auf der Kö in Düsseldorf oder auf dem Jungfernstieg in Hamburg nicht auffallen, in Köln aber, zumal an einem unverschämt warmen Abend auf der Schildergasse, sind sie so auffällig wie Pavarotti in einer Ehrenfelder Eckkneipe. Der Kölner hat es nicht so sehr mit der Eleganz, jedenfalls nicht an warmen Sommerabenden, an denen sich das modische Outfit vor allem nach dem Gesichtspunkt der Bequemlichkeit bestimmt.
Ich überlegte fieberhaft: War die Bambi-Preisverleihung nach Köln verlegt worden? Sah ich hier womöglich zwei leibhaftige Stars, die mir nachher im Fernsehen vor Rührung über die Preisvergabe etwas vorheulten? Wie sieht eigentlich Dolly Buster aus? Oder war ein Kongress der Top-Models angesagt, und Claudia Schiffers Freun-

dinnen machten mal eben Pause auf der Schildergasse? Unschlüssig lief ich in meinen Jeans und dem T-shirt von H&M hinter den beiden her, nur mühsam widerstand ich der Versuchung, ihren unnachahmlichen Gang doch noch irgendwie hinzukriegen. Mit Jesuslatschen geht das nicht. Und auch nicht mit deutlich kürzeren Beinen.

Plötzlich blieben die beiden stehen. Mitten im warmen Herbst hatte ein Geschäft die Winterware festlich präsentiert: Ein paar weiße Pelzjacken drängten sich wie fröstelnd um einen prächtigen Mantel aus Zobel, gleißend angestrahlt von Deckenleuchtern, die wohl die Polarsonne darstellen sollten.
Die blonden Engel im unfassbar kurzen Seidenkleid blieben wie angewurzelt stehen. Ihre Blicke hingen nachdenklich versonnen am Zobel, streiften die Pelzjacken, kehrten zurück zum Glanz des Zobels.
Ich trat wie zufällig hinzu, schaute zusammen mit den beiden auf das winterliche Ensemble und war sicher, dass einer der Engel gleich einen himmlischen, tierschützerischen Gedanken äußern würden. Pelze waren out, Kunstpelze in.
Es dauerte eine ganze Weile, bis die kleinere tief Luft holte.
"Leev Yvonne, wann ich su ene Pelz aantrecke mööt - ich köm jo us dem Schweißte jar nit mih erus."

Wie es einem gut gehen kann

In einer Eckkneipe am Nordfriedhof stehen zwei ältere Männer an der Theke, eine Beerdigungsgesellschaft hinten im kleinen Saal stimmt ein fröhliches Lied an, doch die beiden am Tresen "sin vor sich hin am Simulieren", was nach drei, vier Gläsern Kölsch zu nachdenklich stimmenden Ergebnissen führen kann.

"Wie jeiht et eijentlich dem Jupp? Dä kenns de doch? Dä Jupp met däm Bein?"
Der Angesprochene guckt vielsagend ausdruckslos in sein leeres Glas.
"Wie, dä met däm Bein?"
"Jo dä Jupp, met däm zo koote Bein. Dä mein ich."
Nachdenkliches Schweigen. Auch der Wirt schaut jetzt fragend auf den Gast, der etwas wissen sollte von Jupp, dem ein Bein zu kurz geraten ist.
Der Gast schaut nur kurz hoch:
"Däm jeiht et god."
"Wie, däm jeiht et god??"
"Jo woröm soll et däm dann nit jod jonn?"
"Jo weil ich jedaach han, däm jingk et schlääch."
"Wie, schlääch?"
"Jo weil ich jehoot han, dat einer op singer Beerdigung wor."
"Eja, dä es jestorve, dä litt jetz om Südfriedhoff."
"Ävver ... dann es e doch dud!"
"Ich sagen der doch: Däm jeiht et jetz jod!"

Die Kölner Stadtmusikanten

In Köln, wo es nur fleißige und tüchtige Menschen gibt, lebte auch ein braver Esel. Der schleppte Akten durchs Rathaus den lieben langen Tag. Doch weil er dabei durstig wurde, musste er seine schwere Arbeit immer wieder unterbrechen, um in den umliegenden Gassen ein Kölsch trinken zu gehen. Oder auch zwei. Oder auch drei. So schwer arbeitete der Esel.
Doch die fleißigen Ratsherren und -herrinnen von Köln hatten dafür kein Verständnis und jagten den Esel aus dem Dienst.
Der setzte sich in seine Lieblingskneipe und weinte bitterlich. Den struppigen Hund, der unterm Tisch lag, rührte das nicht.
"Wat heulst do hee eröm, do Esel, luur mich ens aan, mir jeiht et dreckijer als wie dir!"
Er sah wirklich schrecklich dreckig aus. Sogar der Esel sah es.
"Do ärme Hungk, wat han se dir dann jedon?"
"Mich han se us dem Polizeipräsidium jejag, weil ich die Drogendealer vum Nüümaat nit fottbieße wollt."
Er verschwieg dabei, dass er sie auch nicht mehr hätte wegbeißen können, weil seine Zähne faul waren. Dem Esel jedenfalls tat er Leid und er beschloss, mit dem armen Hund gemeinsam ihr Elend zu bekämpfen. Zum Beispiel in einer Rockband, wo er seine schöne Stimme zur Geltung bringen könnte.
"Kumm, loss dich nit hänge, mer jonn op de Domplaat un maache Musik".
Der Hund war sofort einverstanden, denn auch er hatte eine eindrucksvolle Stimme.
Sie bestellten noch ein Kölsch, weil sie ja bald viel Geld haben würden und sahen ziemlich verdattert zu, wie sich eine Katze eins ihrer Bierchen wegschlabberte.

"Halt, do räudich Katzeveeh !" schrie der Esel. "Ich han et jesinn! ..."

Und der Hund knurrte: "Ich künnt dich jetz en de Fott bieße ..."

Aber wegen seiner schlechten Zähne beließ er es bei der Drohung.

Die Katze leckte sich genüsslich die Pfoten, dann ließ sie traurig die Schnurrbarthaare ins leere Glas hängen. Dann reckte sie sich hoch.

"Warum wollt ihr eine arme Maus beißen? Früher war ich Sachbearbeiterin im Finanzamt. Do han ich jede Menge Müüs jefresse, ävver jetz sin die esu ärm, dat mer sich de Müüs metbränge muss."

Der arme Esel und arme der Hund fühlten sich sofort solidarisch.

"Do ärm Dier, maach der kein Sorge! Tomorrow kanns de met uns op der Domplaat mjusic mache. Do wääde mer Superstars!"

Der Esel sagte tatsächlich „tomorrow" und „mjusic", weil selbst kölsche Superstars auf englisch globaler wirken.

Die Katze schaute nicht sonderlich überzeugt drein.

"Immer wann ich bes jetz jesunge han, hät dat nor Ärjer jejovve."

Doch der Esel und der Hund beruhigten sie.

"Dat Singe es et nit. Es kommt auf die Show aan. Luur ens ..."

Und der Esel, der englisch sprach, wiegte sich erotisch in den Hüften, steckte seinen Kopf zwischen die Beine und hüpfte zuckend durchs Lokal. Dazu jaulte der Hund, dass die Kölschgläser wackelten und warf Bierdeckel mit dem Schwanz.

Die Katze war begeistert.

Sie verließen die Kneipe, und beim Hinausgehen fiel dem Esel etwas auf.

"Irjendwie kommt mir die Besetzung bekannt vor ... Ne

Esel, ne Hungk, en Katz ... dat hatte mer doch ald ens ..."
Und wie er so grübelte, sah er einen Affen vorbeirennen, der wie wild die Trommel schlug.

"Halt, do Aap!" rief der Esel, und tatsächlich blieb der Affe stehen.

"Vill Zick han ich nit", japste er. "En Kölle sin se all hinger mer her. Keiner will mih de Aap met sich maache looße. Ich muss sinn, dat ich fottkumme."

Und dabei ließ der Affe die Arme hängen, was sehr affig aussah.

"Eijentlich dät dä jot bei uns passe ", knurrte der Hund, doch der Esel schaute unschlüssig drein.

"Jo, ich weiß," brummte der Hund. "Irjendwie stemmp de Besetzung nit. Ich jläuv', ne Hahn dät fähle ..." Doch dann wurde seine Stimme energisch:

"Theater, Bibliotheke, der Klo vürm Dom – überall werden de Zoschöss jekürz! Mer muss nemme, wat mer kritt."
Das leuchtete dem Esel ein und er sagte zum Affen: "Stay with us, do kanns blieve un met uns de Aap maache." Und fügte sicherheitshalber hinzu: "Natörlich nor musikalisch ...!"

Am nächsten Morgen zogen der Esel, der Hund, die Katze und der Affe auf die Domplatte und machten so laute Musik, dass alle Leute stehenblieben. Ein Tourist aus Bremen legte ihnen `nen Euro hin.

"Damit Ihr Euch einen s-tolzen Hahn engagieren könnt", sagte er dabei gönnerhaft. "So ein fremder Affe s-teht Euch nun wirklich nich."

"Mer bruche keine Hahn. Mer behalde de Aap", erwiderten Esel, Hund und Katze im Chor. Dann gingen sie rüber in die Kneipe am Heinzelmännchenbrunnen, um sich wenigstens einen halven Hahn zu bestellen.

"Hee, ehr Penner, maht, dat ehr erus kutt" rief der freundliche Köbes, doch als er Anstalten machte, dem Hund

einen Tritt zu versetzen, biss ihn de Aap in seinen fetten Bauch und dabei blieb zufällig die dicke Geldtasche in seinen Zähnen hängen.
Die vier stürmten aus dem Lokal und mengten sich unter die Penner am Bahnhof. Vorsichtig zählten sie das Geld und staunten gar sehr.
"Do hätte mer lang för singe müsse ...", meinte der Hund.
"Vun wäje: vun nix kütt nix ..." sinnierte die Katze.
"Ich han et doch jesaht." Der Esel schaute sie alle stolz an.
"Mer kumme jroß erus als Superstars ..."
"Eja, met Kapital direk us der Weetschaff ..."
 Der Affe zog eine fröhliche Grimasse wie der Finanzminister.

Dann kauften sie sich eine Musikanlage mit Verstärker und einen Musikredakteur von Radio Köln und wenn sie nicht gestorben sind, dann singen sie heute im Tanzbrunnen und morgen im Volksgarten und übermorgen in der Philharmonie.

Die Hohe Tatra

oder

Ionesco im Stadtgarten

Schon seit einiger Zeit führe ich mit meiner Mutter Nonsensgespräche. Meine Mutter merkt das nicht und manchmal fürchte ich, irgendwann fällt es mir auch nicht mehr auf. Nicht, dass sich unsere Gespräche früher durch eine besondere Tiefe der Gedanken ausgezeichnet hätten, aber sie waren doch irgendwie nach einem logischen Ablauf gestrickt.
"Du siehst schlecht aus, Kind. Hast du schon gegessen?"
"Nein, Mutti, ich esse später zu Hause."
"Früher warst du hier zu Hause, da hast du immer hier gegessen."
"Ja, Mutti, aber jetzt wohne ich schon lange nicht mehr hier und esse später mit einer Freundin."
"Du immer mit deinen Freundinnen. Die sehen übrigens auch schlecht aus."
Das war nervend, aber logisch.

Der behandelnde Arzt meiner Mutter, ein junger Schnösel aus der Landesklinik, dem die Lebensunerfahrenheit aus den traurigen Augen tropft, behauptet ungerührt, es sei eine leichte Demenz, die meine Mutter ins Sprachzentrum getroffen habe. Eine leichte Demenz führt also dazu, dass die Begriffe sich aus dem Hirn verflüchtigen und als spontane Neuschöpfungen fröhliche Auferstehung feiern. Seitdem ich mich darauf einlasse, beginne ich daran zu zweifeln, ob wir mit gesundem Hirn die vollen Möglichkeiten unseres Sprachzentrums wirklich kreativ nutzen. Meine Mutter fragt mich plötzlich: „Wo hat Ostern nach Gottesmorgen ... allalabala... wenn die Marmelade ohne

Taschentuch ...alabalalba... ich habe alles gesehen, nur hör doch endlich!"
Ich antworte dann so etwas wie: "Ist schon gut, Mutter, übermorgen hol ich alles aus dem Keller." Und dann ist meine Mutter meist zufrieden. Oder sie haut mit dem Stock nach mir, je nachdem, was sie verstanden hat. Wie gesagt, ich finde das inzwischen normal.
Wir saßen im Volksgarten, beguckten die Entchen und tranken ein Kölsch, meine Mutter sah die Entchen und sprach von Bärchen und manchmal auch von Knöllchen, dann zeigte sie auf die anderen Tische und brüllte: "Keine Könige kommen mehr!" Ich nickte zustimmend und sagte nichts. Ich kann nicht erwarten, dass jeder den fortgeschrittenen Status der Nutzung des Sprachzentrums erreicht hat, so wie ich. Eine Unterhaltung mit meiner Mutter gleicht mehr und mehr einem Stück von Ionesco, den ich früher geliebt hatte, vor allem, weil ich ihn nicht verstand. Alles Unverständliche ist in einem sehr jungen Alter von hoher Anziehungskraft, weil das Leben selbst so irrsinnig unsinnig zu sein scheint. Ionesco mit 17, das war logisch. Aber ich bin keine siebzehn mehr und die Anziehungskraft des Unverständlichen lässt nach.
Meine Mutter sagte: "Die Blumen knuspern so leise," und schubste mich auffordernd.
Ich zeigte keine Reaktion, weil mir dazu nichts einfiel. Nebenan am Tisch entspann sich eine Unterhaltung, die uns aus dem Volksgarten hinaustrug in die weite Welt der Reisen. Ich war dafür dankbar. Der junge Mann in der Leinenjacke am Nebentisch sagte: "Wir waren da unten, weißt du, an der Hohen Tatra. Et Sonja wollt da runter ..."
Der Begleiter in der kurzen Hose beugte sich grinsend vor: "Wenn ihr unten an der hohen Tatra war, dann wart Ihr aber doch eher an der niedrigen Tatra?"
"Sach spinnste? Dat heißt einfach so, Ho-he Tat-ra."
Der Frager schien nachzudenken.

"Auch wenn man da runter fährt - nach unten? So janz nach unten? Ho-he Tatra – unten?"

War der nun einfach hinterfotzig oder hatte ihm auch etwas ins Sprachzentrum gehauen? Der in der Leinenjacke ließ sich nicht beirren.

"Wir haben da eine Trekkingtour jemacht, tagelang so von Hütte zu Hütte. Ich sach dir, nur Steilhänge rauf und runter"

"Und immer wenn ihr janz unten wart, dann war die Hohe Tatra also über euch – un ihr da unten, wo wart ihr da unten denn dann ...?"

Das Gespräch näherte sich gefährlich dem Niveau, an dem meine Mutter sich hätte einklinken können. Was jemand aus seinem Sprachzentrum herausholt, ist manchmal unvorhersehbar. Ich schielte vorsichtig zur Seite, um das Gesicht des Tatra-Trekkingreisenden zu sehen. Der schnappte nach Luft, als ob er sich gerade auf einer besonders steilen Aufwärtsstrecke befände. Seine Augen fixierten den anderen, der ungerührt eine Fliege aus dem Bier fischte und wegschnippte.

"Weißt du überhaupt, wo die Hohe Tatra liegt??"

Das war Südstadtlehrer-Original-Ton. Herablassend, aber unlogisch. Wenn es um irgendetwas in diesem Gespräch nicht ging, dann war es eine geografische Position. Der andere schien nachzudenken:

"Die Ho-he Tat-ra ? Wo die liegt? Jedenfalls nicht unten," sagte er ungerührt und schaute unter den Tisch. "Eher oben, vermute ich mal, hoch oben ..."

"Hohe Tannen Waisenknaben, ich will zurück!" brüllte meine Mutter und zupfte mich am Ärmel, "Der Tanne Tasse Tatatatataa...!" Dabei klatschte sie in die Hände. Irritiert guckten die beiden zu uns herüber. Meine Mutter winkte ihnen zu.

"Frohe Weihnachten", rief sie .

Das verstanden sie nicht und schauten betreten fort.

Ionesco lässt in einem seiner Stücke eine Stunde lang Stühle aufstellen für eine Gästeschar, die nicht kommt und am Ende redet ein taubstummer Redner zu den Stühlen für die nicht Anwesenden.
Solche Stücke könnte ich mittlerweile auch schreiben.

Man müsste mal wieder Sport machen

Gestern hätte ich mich beinahe in dem Sportstudio um die Ecke angemeldet. Also ich war praktisch schon da, aber dann kam Herr Engelhoff, mein Nachbar, und erzählte mir von seinem Rückenleiden. Dieses Leiden hat er schon sei vielen Jahren, vermutlich weil er früher als städtischer Beamter seinen Tag auf einem ungesunden Stuhl verbrachte. Die Stadt Köln hat eine Entschädigung abgelehnt, weil andere städtische Angestellte auf den gleichen Stühlen Jahrzehnte lang gesund überlebten, aber Herr Engelhoff ist nun mal sensibler als andere, sagt Herr Engelhoff. Und weil sein Rücken so weh tut, ist Herr Engelhoff in das Studio gegangen und ein junger Mensch hat ihn eingewiesen in rückenmuskelstählende Übungen, aber das ist Herrn Engelhoff nicht gut bekommen. "Jetz es et noch vill schlimmer als wie vürher" klagte er und stand als lebendiger Beweis ganz krumm vor mir. "Jehen Se da nur nit hin, dat bringt nix! Tun Se da nix unterschreiben!" Ich versprach es.

Dennoch, mein Rücken hätte es bestimmt nötig, mal ein bisschen gestählt zu werden. Ich muss zwar nicht auf einem städtischen Stuhl hocken, aber was immer ich den lieben langen Tag tue, tue ich in ungesunder Haltung. Ich stehe gebeugt vor meiner Staffelei, ich liege mit 180° Körperknick beim Zeichnen überm Tisch, und der Rücken tut mir ständig weh. Außerdem bemerke ich mit leisem Graus, dass meine Arme schlaffer werden, meine Beinmuskulatur ist quasi nicht vorhanden und gestern beim Frisör habe ich in einer Frauen-Zeitung gesehen, wie junge, schlanke, straffe Körper aussehen, die im Fitness-Studio trainiert werden. Nur regelmäßig zweimal die Woche, und auch ich werde wieder schön, habe ich gelesen. Ich muss mich nur noch anmelden. Natürlich nicht in dem Studio, in dem Herr Engelhoff noch krummer geworden ist.

Ich habe mir eine anderes Studio ausgesucht. Das ist zurzeit in der Südstadt total in, sogar Roland geht dorthin, und Roland hat eine Bauchmuskulatur zum Fotografieren. Er hat sie mir gezeigt und ich durfte auch mal daran fühlen und dann kam Katrin und sagte, in diesem Studio seien nur solche körperfixierten Oberidioten wie Roland, mit denen wolle ich mich doch wohl nicht an die gleichen Geräte setzen. Und dann brachte sie noch das absolute Killerargument, dem ich nichts mehr entgegenzusetzen hatte: "Da stink et, als wenn se alle Kater der Stadt losgelassen hätten – die Jungen schwitzen tierisch, ich sag dir, einfach eklig!" Katrin erzählte dann noch, dass Erika einmal dort gewesen sei, und die Jungs hätten ihr geholfen, die Gewichte richtig einzustellen, weil sie das allein nicht konnte. Und wie sie gegrinst hätten dabei. Immer runter von 40 Kilo auf 5 Kilo – in der Liga spielt Erika - und Erika hätte sich ständig geschämt, wenn nach ihr der nächste Waschbrettbauchbulle mit großem Knall die Gewichte wieder auf 40 Kilo erhöht hätte.

"Nä", sagte Katrin: "Überleg et dir gut. Geh lieber in dat Lady-Studio, da si' mer unter uns. Da is et netter."

Sie gab mir auch gleich eine Empfehlung für ein Institut in Lindenthal und dann traf ich Maria.

"Wat, in dat Schicki-Micki-Dingens wills de? Has de denn auch schon rosa Tops und dat ganze Glitzer-Outfit, wat de da brauchs??"

Nein, dachte ich beschämt, ich habe eine olle, schwarze Trainingshose, ein weites T- Shirt und ein paar Turnschuhe zweifelhafter Markenherkunft. Hab ich ihr aber nicht gesagt. Gesagt habe ich: "Na klar, wenn mer schon dohin geiht, muss mer och et richtige Outfit han. Macht einfach mehr Spaß ..."

Ich wollte dann in die Stadt fahren, um mich erst einmal richtig einzukleiden, bevor ich meinen ungestrafften Body zu den Ladies schleppte. In der Bahn traf ich Ulli. Ulli ist Lehrerin für Deutsch und Handarbeit, also Fachfrau für alles. Und Ulli riet mir eindringlich, mich erst einmal genauestens zu erkundigen, welche Funktionswäsche für meine zukünftigen schweißtreibenden Aktivitäten die richtige sei. Ich fühlte, wie mir der Schweiß schon jetzt ausbrach und nichts wäre mir lieber gewesen als Wäsche, die diesen Schweiß auf wundersame Weise absorbiert hätte. Zudem, so erfuhr ich von Ulli, sei Funktionswäsche immer gut durchlüftet, was ich mir in der stickigen Bahn schwer vorstellen konnte, aber es erschien mir umso sinnvoller.

In der Stadt lief ich schnurstracks zu dem einzigen Sportgeschäft, das ich kannte. Unterwegs traf ich Renate. Renate ist Buchhalterin und achtet aufs Geld ebenso wie auf ihre Figur, irgendwie kriegt sie das hin. Ich erzählte Renate, dass ich auf der Suche nach Funktionswäsche sei, wegen der Unmengen von Schweiß, die ich demnächst verströmen würde. Renate sah mich an, als ob ich den Verstand verloren hätte. "Ja has de denn heute morgen nich die Anzeige vom Aldi gelesen? Die haben Funktionswäsche im Angebot – so preiswert kriss de die in der ganzen Stadt nit!"
Ich setzte meine erfahrenste Miene auf: "Aber hat die auch die richtige Qualität, ich meine, für den Profisport?" Renates abschätzender Blick hatte fast etwas Beleidigendes.
"Die Qualität ist erstklassig. Wenn ich damit klar komme, dürfte es für dich auch reichen."
Jetzt bin ich auf dem Weg zum Aldi.
Und sehe von ferne Herbert.
Ich will ihn nicht sehen.

Wahrscheinlich erzählt er mir, dass bei Aldi alles ausverkauft sei oder dass Funktionswäsche total out ist oder dass man in besseren Fitness-Studios jetzt nackt antritt ... ich will nichts mehr hören.
Ich weiß nicht einmal mehr, ob ich überhaupt Rückenschmerzen habe.
Ich glaube, ich habe nur noch Kopfschmerzen.

Meine erste Heilige Kommunion

Ich habe wirklich lange über ihn nachgedacht. Oder besser gesagt: Ich hatte ihn eigentlich fast vergessen, den "schönsten Tag in meinem Leben". So bezeichnete der mürrische Pfarrer, bei dem wir brav unseren "Kommelijons-Unterricht" absaßen, das uns bevorstehende Ereignis und irgendwann war ich mir sicher, dass singende Engelscharen meinen Einzug in die Kirche begleiten würden. Wir hatten das stolze Alter von acht oder neun Jahren erreicht, es war im Jahre 1953 und allesamt waren wir fest entschlossen, nur an die uns bevorstehende Gnade zu denken und keinen Gedanken auf zu erwartende Geschenke zu verschwenden. Goldene Uhren und Portemonnaies mit klingendem Innenleben sollten uns nicht zur Gier verleiten.

Ich spürte schon damals, dass ich nicht das Zeug zur Heiligen hatte.

Ich brachte es einfach nicht fertig, ausschließlich an die Hostie und ihre Offenbarungen zu denken. Darunter litt ich mächtig, zumal meine Freundin Elisabeth ganz offensichtlich vom Glanz himmlischer Freuden eingefangen war; sie lief nur noch mit gefalteten Händen herum und weigerte sich standhaft, an Raufereien teilzunehmen, in die wir damals ständig hineingezogen wurden. Die Jungs im Kölner Vorort Nippes hatten weder etwas von Fairness gehört noch von göttlicher Güte, sie lauerten uns auf und wollten an unseren langen Zöpfen ziehen. Ich wehrte mich und verdrosch alles, was nach meinen Zöpfen langte. Doch sah ich mit Neid, wie Elisabeth sich zur Märtyrerin verwandelte, noch bevor sie die erste Heilige Kommunion empfangen hatte. Sie duldete stumm, wie das französische Mädchen, das erst ermordet und dann heilig gesprochen wurde. Unser Pfarrer hatte davon erzählt. Die Nippeser Jungs fanden Elisabeth aber nur zickig und ließen sie lebendig links liegen.

Am Weißen Sonntag, morgens um acht Uhr, schritt ich mit dicken Zöpfen begleitet von Eltern, sechs Tanten und einem Onkel zur Kirche. Die anderen Onkel würden später kommen, hieß es, und ich ahnte, dass sie im "Goldenen Kappes" saßen, der zur Feier des Tages für unfromme Onkel wie meine früher aufmachte. Keine Engels-Chöre am Wegesrand, nicht einmal ein kleines Leuchten über meinem Haupt, das war die erste Enttäuschung. Ich trug ein weißes Kleid, das Tante Josi genäht hatte. Das Kleid hing schief an mir, links etwas länger als rechts. Die Tante behauptete, das läge daran, „dat dat Könk jet scheif gerode" sei. Darüber ist meine Mutter ganz wütend geworden und vermutlich war sie es an dem Morgen noch immer, denn Tante Josi ging ganz links und meine Mutter hielt sich soweit rechts wie möglich.
Ich aber dachte an den lieben Gott und wie ich nachher ganz voll der Gnade wäre, selig und leicht.
So betraten wir die Kirche und ab diesem Zeitpunkt setzt meine Erinnerung dummerweise völlig aus. Ich sehe nur – und auch das erst nach heftigem Nachdenken – wie sich die Pfarrschwester mit wehendem schwarzen Gewand über uns stürzte und uns nach göttlichen Plänen zu sortieren versuchte. Sie war noch aufgeregter als wir und brachte die letzte Ordnung durcheinander. Der Rest der Zeremonie bleibt in meinem Innern tief im Dunkel. Meine Erinnerung setzt erst wieder zu Hause ein. Unendlich viele Tanten und Onkel und auch ein paar Nachbarn küssten mich und fanden mich entzückend in meinem schiefen, weißen Kleid. Tante Josi lächelte triumphierend. Wir hatten zwölf verschiedenfarbige Buttercremetorten, fünf Plattenkuchen und fünf Marmorkuchen. Komisch, das weiß ich noch ganz genau. Die standen alle im Flur und warteten darauf, dass es Nachmittag werde.
Weil ich ein Heiliges Kommunionskind war, wagte ich nicht, daran zu naschen, zumal ich solche Sünden künftig

zu beichten hatte. Aber ich war mächtig stolz: Nie zuvor hatte ich so viel Kuchen auf einmal gesehen, nicht einmal beim Bäcker, bei dem man sonntags nur zwischen Obstsalat, Nusstorte und Schwarzwälderkirsch wählen konnte. Bei uns im Flur duftete der Kuchen zwischen blauen und rosa Hortensien, die jetzt alle mir gehörten, denn es hingen Karten daran: "Für den schönsten Tag in deinem Leben."
Nach dem Frühstück durfte ich Geschenke auspacken. Ich tat völlig desinteressiert und versuchte, den Blick von Elisabeth nachzumachen. Ich wickelte jede Menge frommer Bücher aus, die es mir nicht schwer machten, jeglichen Freudenjauchzer zu unterlassen. Tante Josi hatte wieder einmal ins Schwarze getroffen: Von ihr erhielt ich ein Ringlein mit einem roten Steinchen in Herzform. Das würde bei der ersten Rauferei kaputt sein, dachte ich, während Tante Josi mir den Ring überstreifte. Leider passte er wie angegossen. Ich dankte so angemessen, wie es einem – dem Weltlichen abgewandten – Kommunionskind geziemte.

Am späten Nachmittag durfte ich – ävver nor för en halve Stund !! – zu Elisabeth nach nebenan. Elisabeth hatte ihren heiligen Blick ein wenig verloren, weil sie sich mit Limonade bekleckert hatte und jetzt mit gereinigtem aber gänzlich durchnässtem Kleid auf einem Stuhl zum Trocknen saß. Ich zeigte Elisabeth meinen Ring. Sie bekam Stielaugen. Sie zeigte mir zwei Bücher. "Heinz Helfgen radelt um die Welt – Band 1 und 2 ". Mit Fotos von einem Mann mit Fahrrad in der Wüste Gobi, in Indien und bei den Apachen.
"Su ene Dress han ich jekräge", seufzte Elisabeth und alle Heiligkeit schien wie verflogen.
Der Tausch war innerhalb einer Minute perfekt: Mein Ringelein gegen den Weltenbummler. Wir tranken selig

zusammen Limonade und aßen Mohrenköpfe, die es bei uns nicht gab. Es fing an, ein wirklich schöner Tag zu werden.
Dann kam ich nach Hause zurück. Eine Ahnung sagte mir, es sei besser, nichts von meinem Tausch zu erzählen, aber dann wollte Tante Josi unbedingt, dass ich mein Ringlein einem Onkel zeigte, der eben erst gekommen war. Ich murmelte etwas wie der Ring sei zu eng geworden aber Tante Josi ließ nicht locker. Schließlich war ihr Geschenk die Hauptattraktion und alle sollten es sehen.
Mir fiel endlich ein, dass Geschenke nur Äußerlichkeiten seien, dass nur die reine Seele zähle und Geben mehr wert sei denn Nehmen. Also fasste ich mir ein Herz und bekannte tapfer, den Ring Elisabeth gegeben zu haben, weil die ganz traurig gewesen sei mit ihren blöden Abenteuer-Büchern.
Die neuen Bücher hielt ich dabei krampfhaft fest.
Meine Mutter sah sie. Woher ich die denn hätte?!
"Vom Elisabeth..."
Ein Aufschrei ging durch das mittlerweile sehr verrauchte Wohnzimmer.
Tante Josi verlangte, ich solle die Bücher auf der Stelle zurückgeben und den Ring holen. "Dä hätt bestemp et Dubbelte jekoss , ach wat sagen ich, et Dreifache!" rief sie immer wieder, bis ich zu heulen begann. Ich behielt die Bücher noch fester unterm Arm, meine Mutter rang die Hände, das hatte ich an ihr noch nie gesehen. Mein Lieblingsonkel Albert grinste so unverschämt, dass ich mich fast für ihn genierte.
Es gab eine lange Diskussion, an der sich alle beteiligen durften außer mir. Ich saß im Flur neben den leeren Kuchentellern und besah mir Heinz Helfgen samt verbeultem Fahrrad in der Sahara und träumte von einer Heilgen Kommunion im Beduinenzelt.
Irgendjemand brachte mich zu Bett. Die Bücher durfte ich

mitnehmen. Onkel Albert kam, um Gute Nacht sagen und lächelte mir augenzwinkernd zu:
"Hät noch ens jod jejange, Leevche!"

Ein Fenster von Papa

oder

Von der Fähigkeit, im Leben zurecht zu kommen

Einer der dauerhaftesten Irrtümer unserer Zeit hält sich beharrlich und wird zusammen mit der Bibel von Generation zu Generation weitergegeben: Unverdrossen glauben wir, Gerechtigkeit und Gleichberechtigung seien für alle Menschen ein unverzichtbares Grundrecht, ja, womöglich schon von Gott vorgesehen, auf jeden Fall einklagbar. Wer so denkt, müsste eigentlich auch glauben, dass alle Menschen gesund, groß und schlank sind, ausgestattet mit einem Intelligenzquotienten von mindestens 130 und allesamt potenzielle Wohltäter. Und alle Papis sind Bürgermeister oder Fabrikbesitzer.
Klar, dat dat Quatsch es.
Och en Kölle.
Denn gerade hier fängt die Ungerechtigkeit schon sehr früh an. Entweder man hat eine Tante oder eine Großmutter, die in der Innenstadt wohnt, möglichst in der ersten Etage am Dom, wo der Rosenmontagszug immer vorbeizieht.
Oder man schlägt sich mit anderen benachteiligten Kindern irgendwo im Gewühl unten auf der Straße herum, um Kamelle zu grapschen, von denen man nie weiß, wer die eigentlich geworfen hat. Das ist aus der Boden-Perspektive, kriechend zwischen Hosenbeinen und leeren Bierflaschen, schwer auszumachen. Die anderen, die oben in den Fenstern sitzen, trinken Sekt aus Gläsern, können zwischendurch aufs Klo und scheffeln massenweise Pralinenkartons und Schokolade, die ihnen wurffreudige

und offensichtlich gut bekannte Zugteilnehmer vom Pferd aus mit sportlicher Bewegung ins Wohnzimmer schleudern. Nur von unten, sozusagen aus der Hosenbeinrand-Perspektive, kommt einem das ungerecht vor. Die da oben verschwenden darüber keinen Gedanken. Auch dann nicht, wenn sich die Ungerechtigkeit ins geradezu Unfassbare steigert. Das ist der Moment, wenn der ganze Zug anhält, um denen da oben ein Ständchen zu bringen. Für die da unten heißt es, rechtzeitig den Platz unterhalb das Fensters zu belegen, weil nach dem Ständchen die Kartons nur so fliegen. Und wer schon nicht oben im Fenster sitzt, darf unten wenigstens auf Fehlwürfe hoffen, um die sich dann alle unter Einsatz ihres Lebens balgen. Für Kinder in Köln ist das die erste Erfahrung im Klüngeln: Entweder du sitzt im Fenster - oder du stehst darunter. Diese Erfahrung wird im Laufe des Rosenmotagszuges ergänzt durch eine zweite: Wenn du schon unten stehst, sorge wenigstens dafür, dass für dich was abfällt.

Meine Freundin Elisabeth hatte noch einen dritten Weg entdeckt. Sie klingelte bei den Leuten im ersten Stock und fragte mit zusammen geklemmten Beinchen, ob sie mal auf's Klo dürfte, ganz dringend... Nun muss man sagen, dass Elisabeth mit ihrem Prinzessinnenkostüm ganz süß aussah und niemand der kleinen Prinzessin das Klo verweigerte. Bei mir hätte das bestimmt nicht geklappt. Ich wurde immer als Holländer herausstaffiert mit schlappen Pluderhosen, einem angemalten schmierigen Schnurrbart und Holzklumpen, an denen zerquetschte Kamelle klebten. Mich hätten sie nicht hereingelassen, das sagte mir eine innere Stimme. Aber Elisabeth kam da oben aufs Klo und danach fragte sie mit sauber gewaschenen Händchen, ob sie wohl auch mal durchs Fenster gucken dürfte, von hoch oben, das wäre sicher sooo schön. Irgendein Onkel hielt sie dann gerührt hoch und sie hing im ersten Stock und schrie triumphierend zu mir herunter.

Das war für mich die dritte Lektion: Wenn du kein Fenster hast, musst du Leute kennen lernen, die eins haben. Es schadet auch nicht, wenn do dobei jet lecker ussühs ... Aber eigentlich kannte ich das schon. Das ganze Leben in Köln Nippes war ein einziger Klüngel. Im katholischen Kindergarten fing das schon an. Die braven Schwestern in ihren gestärkten Hauben hatten eindeutig eine besondere Zuneigung zu Kindern, deren Mütter im katholischen Frauenbund waren. Die anderen Kinder waren weniger liebenswert und standen doppelt so oft in der Ecke. Meine Mutter ging in keinen Verein, schon gar nicht zu katholischen Frauen, sie strickte auch keine Strümpfe für den Weihnachtsbasar, so dass ich auf keine hilfreichen Beziehungen zurückgreifen konnte. Auch da war mir Elisabeth um einiges voraus. Sie stand auf dem Basar neben ihrer Mutter, die wieder mal Berge von selbstgestrickten Socken und handgestickten Taschentüchern zugunsten der armen Heidenkinder in Afrika verkaufte, die damals noch Neger waren und dringend auf unser Geld warteten, damit sie missioniert wurden. Mit so einer Mutter durfte man auch mal 25 Würfe brauchen, bis die Blechdosen in der Wurfbude auf dem Pfarrfest vom Regal fielen, auch wenn sieben Würfe als Höchstzahl angesetzt waren. Mit so einer Mutter kam man mühelos durch die Kindheit. Elisabeth hatten alle lieb, der Pfarrer streichelte ihr die Wangen und richtete Grüße an die liebe Mutter aus, und das taten auch die Schwestern im Kindergarten und die Leiterin der Pfarrbibliothek. Meiner lieben Mutter durfte ich keine Grüße ausrichten.

Später in der Schule lernte ich dazu. Das System war mir jetzt bekannt, es ging nur noch um Feinheiten. Vera zum Beispiel. Sie war bestimmt nicht die Klügste, aber ihr Vater hatte eine Fabrik. Irgendwas mit Fliesen. Erst wurde der Eingang zur Turnhalle gefliest und dann noch die

schäbigen Außenklos auf dem Schulhof, alles wurde dank Veras Vater glänzend neu und schön und Veras Zeugnisse glänzten auch, obwohl wir nie mitbekamen, dass sie so klug war.
Meine Freundin Ursula musste die dritte Klasse wiederholen, aber deren Mutter war Kriegerwitwe und, wie gemunkelt wurde, zutiefst kommunistisch. Das war nicht so vorteilhaft wie ein Vater der Fliesen spendierte.
Ursula ging später auf eine Nonnenschule, weil ihre Mutter aus unerfindlichen Gründen glaubte, dass es dort gerecht zuginge und die Fähigkeiten ihrer Tochter besser gewürdigt würden. Als Ursula etwa ein Jahr unter der Obhut der Nonnen gelernt hatte, wurden alle Eltern zu einer großen Feier in die Schulkirche eingeladen. Auch die kommunistische Witwe zog ihr bestes Kleid an und eilte zur Kirche der Nonnen. Denen hatte ein unbekannter Wohltäter ein buntes, neues Fenster für ihre kleine Kirche gestiftet. Das alte war seit dem Krieg zerstört und die Nonnen hatten so lange gebetet bis wieder ein Vater gekommen war und das Gebet erhörte. Jetzt drängte sich die ganze Schule in der Kirche, der Schulchor sang, der Schulkaplan hielt eine lange Rede über die Nächstenliebe und die Tugend der Großzügigkeit. Niemand erwähnte den Namen des bescheidenen Spenders. Der wollte unbekannt bleiben. Er saß mitsamt seiner Familie und den von Gott geringfügig begabten Töchtern in der ersten Reihe. Die war für ihn reserviert. Und für den Bürgermeister, der auch eine Rede hielt und für einen Würdenträger aus dem Generalvikariat, der sehr dick war und nichts sagte. Der Rest der Bank blieb leer. Wir anderen drängten uns stehend im kleinen Kirchenraum dahinter.
Ursulas Mutter hat sich furchtbar darüber aufgeregt. Sie lehnte es sogar ab, die belegten Brötchen zu essen, die unser Bäcker gestiftet hatte. Der wollte nicht ungenannt bleiben und hatte überall kleine Schilder aufgestellt, auf

denen stand „Die Brötchen sind eine Spende von Hugo Fischenich - ihr Bäcker em Veedel". Ursulas Mutter zeterte, dat se et nit met aansinn künnt, wie hee geklüngelt wööd. „Hee e Finster un do e Brüdche - un dann ein jutes Zeugnis! Nä, dat wolle mer nit, dat ha' mer nit nüdig!" Ursulas Mutter hat dann später aber doch noch einen Sinneswandel mitgemacht. Das war, als ihre Tochter sich mit 15 unsterblich verliebte und ihre Noten ins Bodenlose sanken. Kirchenfenster konnte die Witwe mit ihrer kleinen Rente nicht finanzieren, außerdem waren schon alle Fenster gestiftet. Da entwickelte die Witwe eine ebenso kluge wie wirksame Strategie, die sie nichts kostete: Erst wurde sie fromm und dann die Haushälterin des Kaplans. Der Kaplan gab in der Nonnenschule Religionsunterricht und hatte bei den Nonnen einen dicken Stein im Brett. Den hatte Ursula nach kurzer Zeit auch.

Ich sah mit Bewunderung, wie das System, das mir von Kindheit an vertraut war, immer noch funktionierte. Leider konnte ich meine Mutter nicht bitten, Haushälterin bei einem Kaplan zu werden, zumal sie schon verheiratet war. So blieb die Schulzeit mühsam für mich.
Dann heiratete meine leichtlebige Cousine Helga einen Schweizer Hoteldirektor aus dem Tessin, der in der Familie hinter vorgehaltener Hand als ebenso leichtlebig beschrieben wurde. "Dat es ene Hallodri, dä hät et faustdick hinger de Uhr ... un evangelisch es e och noch!" erwähnte meine Mutter gelegentlich, und hängte sich demonstrativ bei meinem braven Vater ein, der es nicht faustdick hinter den Ohren hatte und katholisch war.
In den darauf folgenden Jahren fuhren wir dreimal ins Tessin. Bei der Cousine und ihrem lieben Mann waren wir fürstlich untergebracht und zahlten dafür dank unserer verwandtschaftlichen Beziehungen weniger als in den billigen Westerwald-Pensionen, die Mutter sonst immer

ausgesucht hatte. Leider ließ sich meine Cousine von dem Hoteldirektor scheiden, was wir noch lange sehr bedauerten. „Et wor ene Luftikus – ävver et es doch schad öm dä Kääl." seufzte meine betrübte Mutter, die für untreue Ehegatten ansonsten ganz andere Ausdrücke parat hielt. Met der Schweiz un dem Tessin wor et jetz nix mih.

Ein Jahr später ließ sich mein Cousin Hans von einer Mülheimer Blumenbinderin scheiden. Das verkrafteten wir schmerzlos.
Billige Blumen hatten wir von der nie bekommen.

Wem gehört die Stadt?

Die Frage stammt nicht von mir. Das Leben hat mich gelehrt, solche Fragen zu vermeiden, man bekommt nie eine ehrliche Antwort. Aber das Plakat fragte. Oder war es eine Partei, die das Plakat gedruckt hat? Das würde mich wundern, denn Parteien wissen doch immer alles, vor allem, wenn es um Besitzstände geht.
Vielleicht waren es ja auch verunsicherte Heinzelmännchen oder andere Obdachlose, die Klarheit haben wollten, jedenfalls sprang es mir plötzlich von jeder Kölner Litfaßsäule entgegen: „Wem gehört die Stadt?"
Jo, wem dann wohl? Uns allen - oder nich oder doch ...?
„Wir sind das Volk", das wussten sogar unsere Brüder und Schwestern aus dem Land, das früher mal nicht unseres war, und wir fanden, dass sie Recht hatten. Die hätten ebenso gut sagen können „Uns gehören alle Städte!" - wir hätten das richtig gefunden, jedenfalls solange uns noch eine Mauer trennte. Wer aber um Himmelswillen wollte in unserem demokratisch-freien, hillije Kölle wissen, wem die Stadt gehört?

Ich hätte aus dem Wagen steigen und mir das Plakat näher angucken sollen. Aber erstens kann man auf der Rheinuferstraße im dichten Berufsverkehr nicht einfach aussteigen um Plakate zu studieren und zweitens war´s mir eigentlich schnuppe. Das Plakat musste von den Grünen oder von der PDS stammen. Die anderen stellen solche Fragen nicht, die haben das längst unter sich abgemacht. Interessiert hätten mich nur die fotografierten Köpfe, die steckbriefartig aneinandergereiht waren. Sollten das die Besitzer Kölns sein? Eine Eigentümergemeinschaft, die sich präsentiert? Ich beschloss, die Fotos zu ignorieren und mich selbst zu befragen.
Also noch mal: „Wem gehört die Stadt?"

Früher, so kurz nach 68, hätte ich's gewusst. Ich hätte gewusst: Die Stadt gehört erstmal mir. Und dann den Studenten. Und dann den Arbeitern, sofern sie den Studenten zuhörten. Und dann dem Volk, aber nicht den Lesern und Leserinnen von BILD und nicht der CDU und nicht meinen Eltern. Auch nicht Onkel Egon, der immer auf die Demonstranten schimpfte und auch nicht der dazugehörigen Tante Berti. Wir, denen die Stadt gehörte, wir hätten ein Kollektiv daraus gemacht und Stollwerck wäre heute noch eine alternative Architekturtrümmerbude mit Freiluftklos und Canabis-Terrassen, aber uns hat damals keiner gefragt.

Eine Zeitlang später war ich orientierungslos. In den späten 70ern hätte ich die Frage an die zuständigen Stellen abgewimmelt, ans Einwohnermeldeamt oder den Hausbesitzerverein. Ich wollte die Stadt nicht mehr haben. Andere offensichtlich auch nicht, denn es wurde so schauerlich gebaut, dass nur abgrundtiefe Abneigung der Grund sein konnte für so viel betongewordene Langeweile. Oder?
Also wem gehört sie nun?

Ich erinnere mich, dass ich einmal zugesehen habe, wie der Oberbürgermeister die Schlüssel der Stadt an das neue Dreigestirn übergab. Das geschieht wohl regelmäßig an Weiberfastnacht und danach gehört die Stadt für ein paar Tage den Jecken, denn die haben jetzt den Schlüssel. Aschermittwoch geben sie ihn zurück, damit der Oberbürgermeister wieder in seine Stadt hineinkommen kann. Aber so ganz wohl ist mir bei dem Gedanken nicht, die Stadt dem Besitz des Oberbürgermeisters zuzuordnen, bloß weil er den Schlüssel hat. Meine Mutter bekam in ihrer Wohnung in Nippes auch einmal im Monat den Wäscheschlüssel überreicht – deswegen gehörte ihr aber noch längst nicht der Dachboden. Und außerdem frage ich mich, wofür der Oberbürgermeister den Schlüssel braucht. Ich komme ohne Schlüssel in die Stadt, zu jeder Zeit - außer morgens zwischen sieben Uhr dreißig und neun Uhr dreißig, jedenfalls solange an der Rheinuferstraße und am Bahnhof und an den Brückenauffahrten nach irgendwas gebuddelt wird. Keiner weiß, was da gesucht wird, und offensichtlich scheint auch keiner etwas zu finden. Alle stecken im Stau, mit oder ohne Schlüssel.

Ich traf Stefan. Stefan trägt noch Sandalen und Vollbart wie damals, 1968, und an seinem Rad hängt immer ein Anhänger voll mit Sperrmüll oder mit Kindern. Stefan ist Historiker, war drei Jahre in Indien und wartet seit 15 Jahren auf einen Forschungsauftrag des Stadtmuseums. Vielleicht forscht er zum falschen Thema, dachte ich, vielleicht sollte sein Forschungsthema lauten: WEM GEHÖRT DIE STADT? Stefan war mir nicht dankbar für die Anregung.
„Wat soll ich da forschen? De Stadt gehört de Museen, allen Museums-Chefs zesammen! Die verteilen die Pfründe. Die kommen nit eraus us ihrem Sessel eh dat se fünfunsechzig sin!" polterte er los. "Do hätts mich fröher froge solle, zum Beispiel im Mittelalter!".
Stefan reckte seine Faust zum Himmel: "Im Mittelalter ... da gehörte die Stadt den Bürgern. Den freien Bürgern der freien Reichsstadt Köln! Do hätt ich a l l e s wääde künne, Gaffelmeister, Dombaumeister, Ääzbischoff..." Er hielt einen Moment inne und fügte trotzig hinzu: "Nä, Ääzbischoff nit. Mer wore immer schon linksradikal ..."
Stefan stieg wieder auf sein Rad und der Anhänger wakkelte heftig, als er mit erhobener Faust weiterfuhr.
Früher, ja früher...
Früher glaubte ich an rechtschaffene Politiker, ehrliche

Kassenverwalter, vertrauenswürdige Polizisten, keusche Priester und Pfadfinderführer. An vertrauenswürdige, herzerhebende Lehrer und Lehrerinnen habe ich schon damals nicht recht glauben können, ich kannte zu viele persönlich. Aber allen anderen hätte ich die Stadt zugesprochen. Wer Gutes für die Stadt tut, dem gehört sie wohl auch, hätte ich gedacht. Obwohl es auch Gegenbeweise gab. Mein Vater schnitt beispielsweise immer liebevoll die Hecke vorm Haus, obwohl uns weder Haus noch Hecke gehörten.

Ich habe ein Patenkind, das ist 26 Jahre alt und für dieses Alter schon sehr reif. Dieses Kind habe ich also gefragt, weil mich die Meinung der heutigen Jugend interessiert. Nicht, dass ich sonderlich etwas darum gäbe - diese Kinder sind ja noch viel zu jung, um zu begreifen ... Aber Torsten hat Wirtschaft studiert, bewohnt ein freistehendes Landhaus in Lövenich und betreibt mit seiner Lebensgefährtin einen einträglichen Immobilien-Handel von zu Hause aus.
„Torsten, lieber Junge, wem gehört wohl deiner Meinung nach die Stadt?"
Das Kind guckt mich sehr komisch an. Altkluge Kinder gucken oft so.
„Worauf wills de raus, liebe Tante?" fragt der Knabe.
„Welches Grundstück soll ich dir besorgen?"
Ich habe nicht weiter nachgehakt.
Mir kam ein furchtbarer Gedanke.
Am Ende gehört die Stadt meinem Neffen...?

KÖLSCH EDITION

De kölsche Sproch – ganz systematisch

Akademie för uns kölsche Sproch (Hrsg.)

Bereits in 2. Auflage

Akademie för uns kölsche Sproch (Hrsg.)
Christa Bhatt / Alice Herrwegen
DAS KÖLSCHE WÖRTERBUCH
912 Seiten, gebunden,
19,5 x 21,0 cm
ISBN 3-7616-1614-7

Christa Bhatt
KÖLSCHE SCHREIBREGELN
Vorschläge für eine
Rechtschreibung des Kölschen
104 Seiten, gebunden,
19,5 x 21,0 cm
ISBN 3-7616-1605-8

Alice Tiling-Herrwegen
DE KÖLSCHE SPROCH
Kölsche Kurzgrammatik, 320 Seiten, gebunden,
19,5 x 21,0 cm,
ISBN 3-7616-1604-X

Stefan Winter
**KÖLSCHES
SYNONYMWÖRTERBUCH**
Wie säht mer söns noch för:
arbeide, Blötschkopp, drinke, Stöck, ...
504 Seiten, gebunden,
19,5 x 21,0 cm
ISBN 3-7616-1689-9

In Ihrer Buchhandlung erhältlich

www.bachem.de

KÖLSCH EDITION

Akademie för uns kölsche Sproch (Hrsg.)

Ingeborg F. Müller
KÖLLE RUT-WIEß
Kölsche Verzällcher
120 Seiten, gebunden,
12,5 x 21,0 cm
ISBN 3-7616-1765-8

In Ihrer Buchhandlung erhältlich